वे कमल के फूल

वे कमल के फूल

मुकुल रानी वार्ष्णेय

Vidya Vikas
ACADEMY

विद्या विकास एकेडेमी

प्रकाशक : **विद्या विकास एकेडेमी**
3637 नेताजी सुभाष मार्ग दरियागंज, नई दिल्ली–110002
 • संस्करण : प्रथम, 2019 • मूल्य : तीन सौ रुपए
मुद्रक : आर–टेक ऑफसेट प्रिंटर्स, दिल्ली ISBN 978-81-940246-0-6

VE KAMAL KE PHOOL
Stories by Smt. Mukul Rani Varshney ₹ 300.00
Published by **VIDYA VIKAS ACADEMY**
3637 Netaji Subhash Marg, Darya Ganj New Delhi-110002

परम पूज्य विलक्षण प्रतिभावान नारी
मेरी दादीजी **श्रीमती रामप्यारी देवी गुप्ता** विशारद (हिंदी)
(अध्यापन काल सन् 1930 से 1950)
को सादर…।

सराहना के बोल

आदरणीय मुकुल रानीजी से मेरी पहचान करीब-करीब पिछले तीस वर्षों से है।

इनकी पुत्री संगीता और हम पड़ोसी थे। यहाँ तक कि हमारे घर का पता भी एक ही था। संगीता के साथ मेरा उठना-बैठना रोज का था, यही कारण था कि इनके पूरे परिवार से मेरी आज तक भी अच्छी जान-पहचान है।

मुकुल रानीजी ने तो पहली मुलाकात में ही मुझे अपनी ओर आकर्षित कर लिया। इनकी सरलता, शालीनता एवं मृदुभाषा ने मुझे इनका बना दिया था। इनको देखने मात्र से ही मुझे यह एहसास हुआ कि कुछ तो इनमें खास है, जो आम लोगों में नहीं देखने मिलता है। इनसे हुई मुलाकतों से जान पाई कि इनमें समझदारी, सौम्यता एवं आत्मविश्वास कूट-कूटकर भरा हुआ है। हरदम हँसता हुआ चेहरा एवं आँखों के अंदर झाँकती हुई गहराई इनके ठहराव, विद्वता एवं गुणों को दरशाती है।

इस पुस्तक में अपने जीवन से जुड़ी घटनाओं को बड़े ही सरल एवं सुंदर ढंग से दरशाया है। इनके जीवन की घटनाएँ एक संदेश देती हैं और जीवन में हार न मानकर आगे बढ़ने की प्रेरणा देती हैं। खास बात तो यह है कि इन्होंने अपने बच्चों में भी ये गुण एवं संस्कार कूट-कूटकर भर दिए हैं।

मैं अपने आपको गौरवान्वित मानती हूँ कि ऐसी विलक्षण प्रतिभावान नारी के साथ मेरा संपर्क हुआ।

—किरन मेमानी

177 सी वेस्टर्न एवेन्यू, लेन 7, सैनिक फार्म,
नई दिल्ली-68

प्रशंसा के दो शब्द

मुकुल, मेरी दोस्त,

याद आते ही ध्यान आया एक खिले गुलाब-से उस चेहरे का। हर समय खिलखिलाती मुकुल प्रात:काल की ठंडी आकर्षक बयार की तरह वातावरण को गुंजायमान कर देती थी। बात 1947-48 की है, तब मैंने Pre-Med. में एडमीशन लिया था बी.एच.यू. में। उसी प्रकार नुकुल भी अलीगढ़ से बनारस डॉक्टर बनने का सपना लेकर आई थी।

पर Pre-Med. की अधूरी पढ़ाई के दौरान उसकी सगाई हो गई। बहुत अच्छा लड़का मिल गया था। सो घरवालों ने इसके जीवन की दिशा ही बदल दी। हम सब दोस्त बेहद खुश तथा रोमांटिक हो गए थे।

जीजाजी के पत्रों को चाव से सुनते थे। मुकुल के उत्तर कभी-कभी मैं ही दे देती थी, वह भी चित्र बना-बनाकर। ऐसा था हमारे किशोर वय का मन! आज हँसी आती है। मुकुल शादी के बाद गृहस्थी में व्यस्त हो गई। पत्राचार भी छूट गया। मैं भी हरियाणा के रिवाड़ी में अपनी प्रैक्टिस और हॉस्पिटल बनाने में व्यस्त हो गई। किंतु दो-तीन वर्ष पूर्व मुकुल ने ही पुन: संपर्क स्थापित किया। उस अनुभूति को शब्दों में व्यक्त करना कठिन है।

मुकुल धीर-गंभीर। सौम्या सुंदर प्रौढ़ महिला, जिसने एक भरे-पूरे परिवार को एक सूत्र में बाँध रखा है। पति के देहावसान के बाद परिवार सँभाले रखा। आज इतने वर्षों बाद हमारी मैत्री दोबारा परवान चढ़ गई है।

कल की शोख चुलबुली, क्लास की चहेती मेरी दोस्त धीर-गंभीर लेखिका बन गई है और उसका व्यक्तित्व प्रभावशाली बन चुका है।

—डॉ. तारा सक्सेना
एम.बी.बी.एस.-मेडिकल डायरेक्टर
प्रेसीडेंट S.P. College of Education
Member, Junenile Justice Board, Rewari
Patron, IMA Rogs AiwC - Liqness Club

शुभकामनाएँ

एक लंबे अंतराल के बाद फोन पर जाना-पहचाना मधुर स्वर सुनते ही एक चेहरा याद आ गया।

चाचीजी यानी श्रीमती मुकुल रानी। स्नेह से परिपूर्ण आवाज सुन मन अभिभूत हो उठा और अपनी ही यादों के झरोखों में खो-सा गया।

मुझे याद आ रही हैं आप, जिन्होंने कांड्रा को अपना परिवार समझने, हर पर्व, हर त्योहार, सुख-दुःख में साथ देनेवाली माता सदृश देवी, दीन-दुःखियों की सहायता करने में अपने आप को समर्पित कर दिया। दूसरी ओर साहित्य सजृन, कला संस्कृति में गहन रुचि रखनेवाली श्रीमती मुकुल 'यादों के झरोखे से' नामक कृति रचने में पूर्ण समर्थ हैं तो कोई अतिशयोक्ति नहीं होगी। 'यादों के झरोखे में' वे व्यक्ति हैं, जिनमें अनेक काल कवलित हो चुके हैं और वे भी हैं, जो आपकी इस धरोहर से रू-ब-रू होकर अपने आप को गौरवान्वित अनुभव करेंगे।

अंत में आपके स्वस्थ, प्रसन्न एवं दीर्घ जीवन की कामना करता हूँ।

भवदीय

—विनोद कुमार वार्ष्णेय

प्रधानाध्यापक

हरिशचंद्र विद्या मंदिर

कांड्रा-झारखंड

असली अंबा

वेदों में नारी के शील, गुण, कर्तव्य और अधिकारों का विशद वर्णन है, पर कालांतर में समय बदला और बीता। अंधविश्वास और सड़े-गले रीति-रिवाजों का अड्डा जमा था, ऐसी विषमता भरी स्थिति में भी कोई कोई परिवार निष्ठावान समृद्ध, सुखी और प्रभु भक्त बना रहा। उन्हीं कुछ में वार्ष्णेय परिवार रहा। वात्सल्य और करुणा की मूर्ति आदरणीय मुकुल रानीजी के पालन-पोषण का ऐसा आयोजित तरीका रहा, जिसके परिणामस्वरूप सकल परिवार में कहीं कोई न्यूनता नहीं आई। माताजी की शिक्षाओं से सभी का उत्कर्ष हुआ।

पिछले अनेक वर्षों से मैं माताजी के सान्निध्य में रहा हूँ।

वर्तमान में महारानी **मदालसा** की साक्षात मूर्ति माता मुकुल रानी हैं।

मैं आशा करता हूँ कि उनके संस्मरण सभी पाठकों को आनंद देंगे एवं मनोरंजन करेंगे।

—आचार्य विद्या प्रसाद मिश्र
इंदिरा गांधी राष्ट्रीय कला केंद्र
संस्कृति मंत्रालय, भारत सरकार
जनपथ, नई दिल्ली-110001

अनुक्रम

जिन्हें कछु न चाहिए, ते शाहोंन पत शाह

त्यागमयी, वात्सल्यमयी, करुणामयी और भी न जाने कितने नामों को धारण करनेवाली ईश्वर की एक कृति है, जिसका नाम है माँ। इस माँ का हृदय दया और ममता से न केवल अपनी संतान के लिए वरन् प्राणिमात्र के लिए सदा तत्पर रहता है। अपना ममत्व लुटाने के लिए सदैव हर परिस्थिति में आकुल-व्याकुल हो उठती है। जो घटना मैं लिखने जा रही हूँ, है तो छोटी सी ही परंतु मुझे उससे बहुत प्रेरणा मिली और साथ-साथ अतीव आनंद भी प्राप्त हुआ।

बात नवंबर सन् छियानबे की है, मैं ऋषिकेश के स्वर्गाश्रम स्थित गीता आश्रम में ठहरी हुई थी। नवंबर में ऋषिकेश अत्यंत ठंडा हो जाता है। ठंड के कारण यात्रियों की भीड़-भाड़ भी कम हो जाती है। यह आश्रम शिवालिक पहाड़ियों की तलहटी में गंगा किनारे स्थित है। ऊँची-ऊँची पहाड़ियों और वृक्षों से घिरा होने के कारण सूर्य देवता के दर्शन सुबह आठ-नौ बजे से पहले तो होते ही नहीं हैं। शाम छह बजे से सर्द हवाएँ हहराती हुई जो बहना शुरू करती हैं, तो सुबह सात बजे से पहले तो रुकने का नाम ही नहीं लेतीं, तब तक मेरी तो खिड़की-दरवाजे खोलने की हिम्मत तक नहीं होती थी। रात को दो-दो लिहाफ, सिर पर टोपी-मफलर और कमरे में हीटर जलाकर मैं सोती थी, तब भी ठंड लगती थी। आदत के अनुसार, मेरी आँख तो सुबह पाँच-छह बजे खुल जाती थी, पर बाहर का जायजा लेने की खातिर मैं छोटी खिड़की खोल बाहर झाँकती तो बर्फीली ठंडी हवा का झोंका फर्राटे से अंदर घुसता देख मैं शीघ्र खिड़की बंद कर देती। जब हवाएँ पूरी तरह रुक जातीं

और आश्रम में भी चहल-पहल हो जाती, तब मैं गरम कपड़ों में लिपटी बाहर निकलती और थोड़ा बाहर घूम-घामकर स्नान-ध्यान से निवृत्त होती। तब तक कुटिया के पूर्वी कोने पर धूप का एक टुकड़ा आ जाता और मैं वहाँ कुरसी डाल दैनिक पूजा में बैठ जाती। ऐसे ही वातावरण में मैंने देखा कि लगभग रोज ही एक अति वृद्ध महिला, जिसकी कमर 90^0 तक झुक गई थी, एक हाथ में लाठी और दूसरे हाथ में एक पुरानी सी प्लास्टिक की टोकरी लिये मेरी कुटिया की बगल से होती सड़क से जंगल की तरफ नंगे पैर धीरे-धीरे लाठी टेकती हुई जाती। फिर कुछ समय बाद उसी तरह धीरे-धीरे लाठी टेकती हुई वापस लौट जाती। प्लास्टिक की जालीदार टोकरी में एक लोटा और मैली-सी पोटली में कुछ रखा दिखाई देता था। मैंने उसे कभी किसी से बातचीत करते हुए भी नहीं देखा। अपनी जिज्ञासु प्रकृति के कारण सहसा मेरे मन में प्रश्न उठा कि आखिर यह कौन है? और इतनी ठंड में प्रतिदिन टोकरी लटकाकर कहाँ जाती है? सो एक दिन जब वह मेरी कुटिया के पास से गुजर रही थी तो मैंने कहा 'हरिओम माताजी'। मेरा प्रणाम सुनकर वह अचकचा कर रुकी और सिर उठाकर मेरी तरफ पल भर देख प्रत्युत्तर में बोली, "हरिओम हरिओम" कुछ ठिठकी, फिर आगे बढ़ गई। इस प्रकार जब दो दिन हो गए तो मेरा मन परिचय बढ़ाने को प्रबल हो उठा। एक दिन मैंने उन्हें रास्ते पर जाकर रोक ही लिया। मैंने निकट से जाकर देखा पिचहत्तर-अस्सी वर्ष की आयु तो अवश्य होगी। गहरा साँवला रंग और झुर्रियों से भरे चेहरे पर पुराना मोटा-सा काले फ्रेम का चश्मा, चश्में से झाँकती दो प्रश्नसूचक मिचमिचाती-सी आँखें। माथे पर गंगोटी का टीका। शरीर पर जगह-जगह से उधड़ा-सा स्वैटर और धुल-धुलकर घिसपिट गई मटमैली सी सफेद सूती धोती! मेरा 'हरिओम' सुनकर पथरीली ठंडी जमीन पर चलते उनके पैर रुक गए।

तब मैंने पूछा, "माताजी आप इतनी कड़ाके की ठंड में यह टोकरी लेकर रोज कहाँ जाती हैं?" वह थोड़ा हँसी, फिर बोली, "अरे बिटवा ऊ नारायण है न? उसकी कुतिया ने बच्चे दिए हैं। अब तू जानो ऊ रहा गरीब इनसान-अपन बच्चा-बच्ची को पेट भरन की ताकत तो ऊ के पास है नहीं,

तो कुतिया को कहाँ से खिलावै ? तू जानो कुतियौ नो हमारी तुम्हारी तरह प्रानी है। खाने को न मिली तो ई ठंड में माँ और बच्चा सब मर जाई। ऐई से हम उन सब को खियावै की खातिर दूध और रौटी लै जात रही।" यह सुनकर मैं एक मिनट को अवाक् रह गई। मुझे लगा जैसे कोई माँ या सास अपनी सद्य:प्रसूता बहू-बेटी के लिए फल-दूध मेवा मिठाई, हरीरा अस्पताल ले जाती हो। ये औरत कुतिया और उसके बच्चों के लिए इस कड़कड़ाती ठंड में नियम से दो-तीन मील प्रतिदिन पैदल चलकर आती-जाती है। उसकी अति वृद्धावस्था और निर्धनता के बीच बहती ममता की अजस्र धारा ने मुझे ऊपर से नीचे तक सराबोर कर दिया। मेरा मन पुलकित हो उठा और मैं उसके प्रति श्रद्धा और भक्ति से भर उठी। उसी बीच मेरी दृष्टि उसके फटे-पुराने स्वैटर पर गई तो मेरे मन में आया कि जो स्वैटर मैं यहाँ गरीबों को बाँटने लाई हूँ, उनमें से एक इन्हें दे दूँ। मैं बोली, "माताजी, आपका स्वैटर बहुत फट गया है। चलिए मेरी कुटिया पर, आपको एक स्वैटर दे दूँ।" यह सुनते ही वह तपाक से बोली, "अरे हमें कोई स्वैटर उइटर न चाही, हमारे पास बहुत है। हमारी बहू आई रही, एक स्वैटर हमें दै गई रही। ऊ ऐसे ही पड़ा है बेटा। हमें कुछ न चाही। तू जानो बेटा हम बहुत बड़े घर की है। हमरी बेटी का बिटवा पुलिस में ऊँची नौकरी पर है। हमेसा कहता है नानी तुझे जो चाही, लिख दिया कर, हजार-दो हजार, जो चाही पर बेटा हमें कुछ न चाही। अब तो गंगा मैया अपनी गोद में उठा लें, एई इच्छा है, तू खुश रहा। हमें कुछ न चाही।" और अपनी टोकरी पकड़े लाठी ठुक-ठुक करती आगे बढ़ गई।

प्राणिमात्र के प्रति निस्स्वार्थ प्रेम और सेवा की छोटी सी घटना से मैं अविभूत हो गई। जहाँ न कोई इच्छा है, न कोई आश है। जहाँ अपनी एक रोटी से भी आधी रोटी तोड़कर देने में आत्मसंतुष्टि है। निष्काम निर्मल भावना से ओत-प्रोत!

एक दिन फिर मैंने उन्हें रोक लिया। 'हरिओम' के आदान-प्रदान के बाद मैंने देखा आज वे फटे स्वैटर की जगह सचमुच पूरी बाँहों का नया स्वैटर पहने और साड़ी को जरा अच्छी तरह बाँधे हुए हैं। मेरे चेहरे पर मुसकराहट

आ गई। कुतिया और उसके बच्चों की कुशल-क्षेम पूछने के बाद मैंने उनसे कहा, "माताजी, आज आप मेरी कुटिया पर पधारो और एक कप चाय पीओ।" पहले की तरह ही चाय का नाम सुनते ही चमककर बोली, "अरे बिटिया हम चा वा न पीअत।" मैंने आश्चर्य से कहा "अच्छा तो फल ही खा लो।" फल का नाम सुनकर फिर उसी प्रकार बोली, "हरे हम कुछ न खाब फल वल। तू ऐ फल किसी और को खिला देव।" मेरा बुझता सा चेहरा देखकर बोली, "अरे बेटा, तू बुरा न मान, हम तो प्रेम के फल के भूखे हैं, सो तूने हमें पूछकर खिला दिए। खुश रहो खुश रहो बेटा", कहती हुई चलती बनी। मैं देखती ही रह गई।

तब मेरे मन में एक पंक्ति आई "जिनको कुछ न चाहिए, वे ही शाहन पत शाह।" सच में जिन्होंने दुःख के मूल स्रोत इच्छा को ही इस निर्धन-सी दिखनेवाली माता की तरह बाँध दिया हो!

□

वे कमल के फूल

मेरी यादों की मंजूषा में यत्न से सँजोए रत्नों में मेरा यह सबसे प्यारा रत्न है। पचासों वर्ष बीत जाने पर भी इसकी चमक-दमक फीकी नहीं पड़ी है। जब दिल चाहता है, इसे निकालकर चूम लेती हूँ और हृदय से लगाकर फिर सहेजकर रख देती हूँ।

मेरा विवाह हुए कुछ ही दिन गुजरे थे और मैं पहली बार ही ससुराल आई थी। उम्र भी मेरी और मेरे पतिदेव की छोटी ही थी। मैं सोलह की और वह बीस वर्ष के थे। दोनों ही अल्हड़ थे, बचपना अभी गया नहीं था। कुछ-न-कुछ शरारतें करते रहते। पतिदेव से गंभीरता तो कोसों दूर थी।

मेरी ससुराल बिहार में छोटा नागपुर के आदिवासी क्षेत्र में थी, जो आजकल झारखंड कहलाता है। मेरे ससुरजी ने हाल ही मैं यहाँ फैक्ट्री लगाई थी। आज भी जहाँ आधुनिकता नहीं पहुँची है, वहाँ पचास वर्ष पहले क्या होगा, सहज ही अनुमान लगाया जा सकता है। दूर-दूर तक केवल निर्जन पहाड़ी क्षेत्र ही फैले थे। आधुनिक मनोरंजन के नाम पर कुछ भी न था, पर प्राकृतिक सौंदर्य भरपूर था। पहली नजर में ही दलमा की हरी-भरी पहाड़ियों से घिरी इस छोटी सी जगह ने मेरे मन को लुभा लिया। दूर-दूर तक हरे-भरे जंगल-ही-जंगल फैले थे। शाल, पलाश, कैदू, महुआ और अनेक प्रकार के जंगली फल-फूलों से अँटा जंगल मेरा मन मोह लेता। जंगलों के बीच से बहते छोटे-छोटे नदी-नाले सुंदरता में और चार-चाँद लगाते प्रतीत होते। इन्हीं घने जंगलों के मध्य से एक पतली नागिन-सी बल खाती सड़क दूर तक चली जाती थी। सड़क के किनारे-किनारे, कहीं-कहीं छोटे-छोटे गाँव थे और इन गाँवों के छोर पर

तालाब होते, जो लाल-नीले कमल के पुष्पों से भरे रहते। जिनका सौंदर्य किसी का भी मन मोहने के लिए काफी था। ऐसे ही कमल के पुष्पों से जुड़ी यह छोटी सी रत्नजटित मेरी स्मृति है। यह तो मैं पहले ही लिख चुकी हूँ कि मनोरंजन के कुछ भी साधन उपलब्ध नहीं थे। इस कारण हमारा परिवार कभी-कभी कुछ दूर पहाड़ों के बीच बहती सुवर्ण रेखा नदी पर नहाने जाता या कभी पिकनिक मनाने जाता था, फिर संध्या समय जंगल की सैर करने मोटर ड्राइव पर जाता। उस दिन मेरे पतिदेव का मन मुझे अकेले ही ड्राइव पर ले जाने को हुआ। नई-नई शादी हुई थी, इसलिए बहुत शरमाते हुए अपनी माँ को अकेले मुझे सैर पर ले जाने के लिए राजी करा पाए, पर फिर भी मेरी सासजी ने मेरे पाँच वर्षीय देवर को साथ बैठा ही दिया। पुराना जमाना था, वे कुछ कह भी न सके, और हम तीनों खुशी-खुशी कार में चल दिए।

यह मार्च महीने की बात है। फागुन उतार पर था, हवा में मस्ती भरी थी। अस्ताचलगामी सूर्य की लाली और चारों ओर पलाश के लाल-लाल फूलों से सारा वातावरण ही लाल-लाल हो गया था। शाल के फूलों की मादक गंध जैसे रस बरसा रही हो! ऐसे रोमेंटिक वातावरण में हम नवयुगल पुलकित और भाव-विभोर हो उठे। ये चुपचाप फर्राटे से गाड़ी दौड़ाए जा रहे थे। वातावरण और तन-मन में एक मादकता छाई हुई थी। पता ही नहीं चला कि कितनी दूर निकल आए। अचानक मेरी दृष्टि एक लाल-लाल कमल के पुष्पों से लबालब भरे तालाब पर पड़ी और मेरे मुँह से निकल पड़ा, "हाय! कितने सुंदर कमल हैं? देखिए-देखिए। "इतना सुनते ही गरदन घुमाकर इन्होंने उधर देखा और एक पल में गाड़ी में खट से ब्रेक लगा दिया। झटके से गाड़ी खड़ी हो गई। ये मुझे देखकर मुसकराए और फिर इत्मीनान से सड़क के किनारे एक इमली के पेड़ के नीचे गाड़ी खड़ी कर दी। हम लोग कूद-कूदकर चहकते हुए गाड़ी से बाहर निकलकर चारों तरफ की सुंदरता देखने में व्यस्त हो गए। इतने में मैं देखती हूँ कि ये तालाब के किनारे-किनारे बँधी ऊँची मेढ़ पर चलते जा रहे हैं। मैंने सोचा ऐसे ही घूम-घाम रहे होंगे। मैं जरा भी नहीं भाँप सकी कि इनके मन में क्या है, देखते-ही-देखते पैंट-कमीज पहने ही पहने इन्होंने तालाब में छलाँग लगा दी। और लगे कमल तोड़ने, पर कमल थे कि इनके वष में ही नहीं आ

रहे थे। इधर से पकड़ते, उधर डूब जाते। उधर से पकड़ते, तो इधर डूब जाते। काफी देर तक यह जद्दोजहद चलती रही, पर ये निकलने का नाम ही नहीं ले रहे थे। न दूर से हमारी कुछ समझ में ही आ रहा था। कुछ देर तक तो मैं और मेरा देवर इसे कौतुक से देखते रहे, मजा लेते रहे, पर अब मुझे डर लगने लगा। मैंने यह भी सुन रखा था और सच भी है कि कमल हर कोई नहीं तोड़ सकता। इसे तोड़ने की विशेष कला होती है। नौसिखिए तो उसकी नालों में उलझकर डूब तक जाते हैं। देर होती देख मुझे सचमुच घबराहट होने लगी। हम दोनों जोर-जोर से बाहर निकलने के लिए आवाज लगाने लगे। पर ये थे कि अपनी धुन में तालाब में जूझ रहे थे। अँधेरा घिर आया, सूर्य की लालिमा, कालिमा में बदलने लगी, दूर-दूर तक न कोई आदमी, न परिंदा। सुनसान बियाबान अँधेरा बढ़ता ही जा रहा था। मैं एक तरफ छोटे से डरे-डरे देवर को सँभालती और दूसरी ओर गुहार लगाती, "मुझे नहीं चाहिए थे ये कमल-वमल, प्लीज निकल आइए, प्लीज बाहर आइए।" पर इन पर तो फूल तोड़ने का जैसे जुनून सवार था! घबराहट में मेरे छक्के छूटने लगे, न रोते बन रहा था, न हँसते। क्षण भर में सारे देवी-देवता याद कर लिये। हे भगवान्, मैंने क्यों इन फूलों की प्रशंसा की? मेरा नन्हा-सा दिल बैठने लगा, सास-ससुर का भय अलग डराने लगा। इतने में देखती हूँ कि ऊपर से नीचे तक पानी से सराबोर अपनी नीली शरारती आँखों में असीम प्यार, होंठों पर मंद-मंद मुसकराहट और हाथों में दस-बारह कमलों का गुच्छा लिये विजेता की तरह मेरे सामने खड़े हैं। मेरी व्याकुल दशा देखकर धीरे से आगे झुककर बोले, "अरे जान माँगकर देखो, ये तो केवल फूल हैं" और फूल मेरी ओर बढ़ा दिए। इस निश्छल प्रेम की आनंदानुभूति से कुछ क्षणों के लिए तो मैं चेतना शून्य-सी हो गई।

आज वह इमली का पेड़ भी है, वह कमल ताल भी है और मैं भी हूँ, पर उसके नायक वे नहीं हैं। इतने वर्ष बीत जाने पर भी यह नन्ही सी अल्हड़ प्रेम की घटना होंठों पर मधुर हास्य की रेखा खींच जाती है। आगे व्यस्त जीवन में जब कभी भी मुझे प्यार की कमी की शिकायत हुई, तो इसी घटना की याद दिलाकर मुझे निरुत्तर करते रहे।

□

‘मोती’ मेरा बाल सखा

मैंने टेलीविजन का बटन दबाया तो देखती हूँ संध्या का शांत समय है। सुपरिचित सी दिखनेवाली किसी धर्मशाला या आश्रम की छत पर कोई संत बैठे हैं। उनकी पृष्ठ ही दिखाई दे रही है। उनका एक हाथ नीचे लटका है। अचानक सीन बदलता है और ‘जय राधे जय राधे राधे’ की मधुर कीर्तन ध्वनि के साथ राधाकृष्ण के मनोहारी दर्शन होते हैं। दर्शनों से मन तृप्त भी नहीं हो पाता कि सीन फिर बदल कर छत पर जा पहुँचता है।

डूबते सूर्य की ढलती लाली में संतजी निस्पंद बैठे हैं, उनके लटके हाथ की खौंच से एक सुंदर मोर खुट-खुट दाना चुग रहा है।

अचानक मेरे मन ने अँगड़ाई-सी ली और उड़ चला कहीं दूर, बहुत दूर। मेरी यादों के कपाट जैसे खुल पड़े। मैं देखने लगी, आधी सदी से भी पहले की मथुरा से वृंदावन को जाती कोलतार की पतली सी सड़क को। जिसके किनारे-किनारे वृक्षों की ओट से सिर उठाए अनेक मंदिर और धर्मशालाएँ, तो कहीं दूर-दूर तक फैले मैदान, तो कहीं छोटे-छोटे गाँव। जहाँ-तहाँ ऊँचे-ऊँचे करील और हरी-भरी झाड़ियों से आच्छादित मिट्टी के बड़े-बड़े टीले, जिनमें अनेक मोरों का वास रहता था। दूर बहती यमुना की निर्मल धारा और मोरों की पीयु-पीयु। उनका नीर भरे बादलों को देख-देखकर नाचना मेरे स्मृतिपटल पर नृत्य करने लगा। शांत वातावरण को भेदती ‘पीयु पीयु’ की पुकार आज युग बीत जाने पर भी वैसे ही पुकार उठी, जैसे तब पुकारती थी। मेरे मन की वीणा के तार जैसे झंकृत हो उठे।

मैं देखती हूँ, इसी सड़क के किनारे एक विशाल उद्यान के मध्य बनी

एक विशाल इमारत की तिमंजिला छत, जिस पर एक दस-ग्यारह वर्षीय सुंदर बालिका खड़ी है। संध्या का शांत स्निग्ध समय है। बालिका सफेद छींट का फ्रॉक पहने है। उसकी लंबी चोटी में बँधा रिबन का फूल कमर पर लटक रहा है। पैरों में रबर ठुकी लकड़ी की खड़ाऊँ है। निःशब्द, कहीं दूर किसी को तलाश रही हैं उसकी बड़ी-बड़ी चपल आँखें, उसका चंपई गोरा रंग, सूर्य की लाली में दप दप दमक रहा है। हाथों में पकड़ी हुई है काँच की एक सुंदर सुराही। वह बार-बार उसे सावधानी से सँभालती है। पता है उसमें क्या है ? उस बिल्लौरी विलायती सुराही में भरा है गेहूँ, दाल, चावल का तीनन, जो बालिका की प्यारी दादी ने अपनी लाड़ली के लिए खास सहेजकर रखा है। स्कूल से लौटकर प्रायः वह रोज ही इस सुराही को लेकर ऊपर आती है। उसके मन को बाँध लिया है रंग-बिरंगे पंखोंवाले एक मोर ने।

मेरे अंतस के कान टीले से आती 'पीयु पीयु-केयु केयु' की गगनभेदी पुकार सुनने लगे। नेत्र देखने लगे, बालिका सुराही थामे इस छत से भी उपरली छत पर सीढ़ी चढ़कर जा पहुँची है। चारों तरफ खोजती नजर डाल उसने आवाज लगाई "मोती! मोती! मोती आ!", कुछ देर प्रयत्युत्तर न पा वह फिर पुकारती है "मोती आ!, मोती! आ!" और इस बार सचमुच ही थोड़ी चुप्पी के बाद पीयु-पीयु की कर्णभेदी पुकार से दिशाएँ गूँज उठीं और टीले की ओर से एक कद्दावर भारी-भरकम मोर अपने डैने फैलाए रंगीन पूँछ लहराता विमान की तरह छत की मुँडेर पर आ उतरा।

बालिका की खुशी का कोई ठिकाना न था। उसने शीघ्रता से अपनी सुराही से दाना निकाला और छत पर फैला दिया। "मोती खा, मोती खा!" और मोती ने आश्वस्त होने के लिए पहले अपनी मरकत मणि-सी चमकती लचकीली ग्रीवा मटका-मटकाकर चारों तरफ का निरीक्षण किया, फिर एक, दो, तीन सीढ़ी उतर दाना चुगने लगा है—खुट-खुट खुट-खुट, बालिका अपना फ्रॉक समेटे उकड़ू बैठी उसे चकित नेत्रों से निहार रही है। दाने समाप्त होते देख वह झट-पट सुराही से खौंच भर दाने और निकाल अपनी नन्ही हथेली ही आगे बढ़ा देती हैं। मोती अब बड़ी निश्चिंतता से, बड़े इत्मीनान से बालिका की कोमल हथेली से दाना चुग रहा है। 'खुट-खुट खुट-खुट।' अब तो बालिका को उसकी कड़ी तीखी

चौंच की चुभन सहने की आदत ही पड़ गई है। न हथेली डगमगाती है, न दाने ही बिखरते हैं और न मोती ही डरता है। कैसी अनोखी दोस्ती हो गई है, दोनों में! एक वन प्रांतर का पंछी, एक महलों में रहनेवाली बालिका। इस दोस्ती को पनपाने में, परवान चढ़ाने में बालिका को अटूट धैर्य और कौशल से काम लेना पड़ा है। अब तो उसका प्यारा मोती उसके इशारों पर भागा-भागा आता है, कहीं भी दूर किसी पेड़ पर बैठा हो, उसकी एक टेर पर उड़ा चला आता है। आश्चर्य की बात तो यह है कि बालिका ने ऐसा पाठ पढ़ाया है कि उसके आग्रह पर नाच भी दिखाता है। बालिका जब 'मोती नाच, मोती नाच' की टेर लगाती है तो मोती भी अपनी सुध-बुध भूल मस्त हो नाच उठता है। अपनी रंग-बिरंगी सुनहरी झबरी पूँछ का चँदोवा तानकर जब मोती घूम-घूमकर द्रुत लय में थिरकता है, तो अनुपम दृश्य उपस्थित हो उठता है। होते हैं केवल आनंद विभोर बालिका और नृत्य मग्न मोती! चरम गति पर जब मोती नाचता है तो अच्छी-अच्छी कत्थक की नृत्यांगनाएँ भी पीछे छूट जाएँ।

थिरकते मोती के नीले हरे सुनहरे पंखों के कँपन ने जैसे मेरी तंद्रा ही भंग कर दी। मैं दूर बहुत दूर छूटे अतीत से वर्तमान में लौट आई। अब वह बालिका, मैं स्वयं श्वेत केशी अस्सी वर्ष पार कर चुकी वृद्धा दादी, परदादी बन चुकी है। जब भी कहीं जंगल में, सरसों के खेतों में, अजायबघर में कहीं भी मुझे मोर दिखाई देते हैं, तो मुझे याद आ जाता है अपना बाल सखा मोती। याद आता है अपना मधुर बचपन, मोती के चुन-चुनकर इकट्ठे किए मोर पंख, जो सदा मेरे खजाने में सजे रहते थे। छुट्टियों में, मैं सदा डरती रहती कि मोती को कुछ हो न जाए, कहीं मुझे भूल न जाए! वापस आते ही सबसे पहले मैं मोती को याद करती। आश्चर्य कि मोती तुरंत पीयु-पीयु करता उड़ता हुआ आ जाता। यह क्रम दो ढाई साल चला। फिर मुझे मथुरा छोड़कर आना पड़ा। इस सुंदर परिवेश में बीता अपना सुंदर बचपन और अपने मोती को मैं कभी न भूल सकी।

पीछे सुना माली कहते कि "बिटिया की याद में कित्तेऊ दिनन तक आवुत रहा और मुंडेर पर बैठ-बैठ चला जात रहा।" ऐसा था मेरा बाल सखा 'मोती!' और क्या वह बालिका मैं ही थी, मुझे विश्वास नहीं होता।

□

पराजय

सुबह-सुबह बरामदे में कुरसी पर बैठी अखबार पढ़ रही थीं, अम्मा कि अचानक नौकरों की आवाज सुनाई दी, "अरे, रात में कुतिया ने बच्चे दे दिए।" अखबार से आँख उठा उन्होंने पूछा, "कहाँ?" तो नौकरों ने कोठी की बगल में पड़े लोहे, लक्कड़, टीन-टप्परवाली जगह की ओर इशारा कर दिया। इतने में दोनों बच्चे अर्जुन और अमित उनींदी आँखें मलते हुए आ पहुँचे। "कहाँ हैं? कहाँ हैं? दिखाओ-दिखाओ" करने लगे। नौकरों ने बड़े उत्साह से खिड़की से बच्चे दिखा दिए तो अर्जुन और अमित के मुखकमल खिल उठे। कुतिया निढाल पड़ी थी और एक नहीं, दो नहीं, छह-छह नन्हे-नन्हे गुलगुले-से बच्चे उससे चिपके कुलकुला रहे थे। उनमें दूध पीने की होड़ लगी थी। अर्जुन और अमित की नींद से उनींदी आँखें पूरी खुल गईं और वे दौड़े हुए दादी के पास आए, "अम्मा! आपने देखे? कुतिया ने बच्चे दिए हैं।" "हाँ-हाँ पता है बेटा", फिर दौड़ते हुए किचिन में भागे, "रामू-रामू, ओ महेश, कुतिया को दूध देना और रोटी भी देना।" अम्मा ने भी अनुमोदन किया। बच्चों की उमंग देखने लायक थी। जैसे खुशी की कोई लहर घर में उठ आई हो। कोई जलतरंग बज उठा हो।

तभी कानों को चीरती एक तीखी आवाज आई, "कैसे दिए यहाँ कुतिया ने बच्चे? निकालो कुतिया को अभी यहाँ से! फैंको सारे बच्चों को। खबरदार जो किसी ने कुछ भी दिया तो। गोली मार दूँगी एक-एक को। रामू बुलाओ गार्ड को, मुफ्त की तनख्वाह लेता है क्या? कैसे कुतिया घुसी अंदर?" गार्ड के छक्के छूट गए, सिर झुकाए खड़ा हो गया, "जी मैडम, रात में मेरी ड्यूटी

नहीं थी।" "चलो भागो सब, निकालो कुतिया को बाहर। मुझे सख्त नफरत है जंगली कुत्तों से।"

तड़तड़ाती सीढ़ी उतरती मैडम ने सास और बच्चों को निशाना बना शंखनाद फूँका, "मम्मी आप भी सुन लीजिए, जो आपने कुछ भी दिया। मुझे सख्त नफरत हैं इन कुत्तों से, आपको पता है! यहीं अड्डा बना लेंगे" और मैडम कार में बैठ फुर्र हो गईं। सब देखते ही रह गए। बच्चे डरकर हट गए और नौकर तिड़ी हो गए। अम्मा पत्थर के माफिक जड़ हो गईं। अपमान और निष्ठुरता की पराकाष्ठा से दिमाग सनसना उठा। कुछ देर तो नौकरों और बच्चों के आगे अपमान से तिलमिलाए मन और चेहरे को साधने-सँभालने में उन्हें लगी ही। इस मन को साधने में उन्होंने महारत हासिल कर ली है। मान-अपमान से ऊपर उठना सीख लिया है। सारे शास्त्र और पुराणों में यही तो लिखा है।

अम्मा धीरे से मुसकरा उठीं। उन्हें याद आया अपना स्वर्णिम अतीत। चारों पाँचों बच्चे दो-दो साल छोटे-बड़े थे। चुन्नी, मुन्नी, राजू, नन्ही और नन्हे बाबू। तब भी इसी प्रकार कुतिया ने बच्चे दिए थे, बँगले के बगीचे में और संयोग से रात ही में दिए थे। सुबह-सुबह रात के दरबानों ने समाचार सुनाया तो सारे बच्चे किलकारी मारते भाग छूटे। छोटे नन्हे बाबू को तो नौकर सोते से जगा, गोदी में ले दौड़े। कुतिया के चारों ओर मेला-सा लग गया। पाँच-छह गुल गोथने भूरे सफेद काले चितकबरे बच्चों को देख बच्चों की खुशी का ठिकाना न था। फौरन सबने अपनी-अपनी पसंद के बच्चे अपने-अपने लिए रिजर्व कर लिये और तत्काल नाम भी रख गए। कोई वहाँ से हटने का नाम ही न ले। बड़ी मुश्किलों से उन्हें वहाँ से खींचकर दैनिक दिनचर्या के लिए लाया जाता, वे फिर वहीं इकट्ठे हो जाते। उनके जोश-खरोश की कोई सीमा न थी। दृश्य याद आते ही अम्मा के चेहरे पर मधुर मुसकान फैल गई। कुतिया के भोजन और आराम की व्यवस्था की क्या कहें, किसी की क्या होगी, जो उसकी हो रही थी। घर में दूध-दही की कमी न थी, बस कटोरे गिलास भर-भरकर दूध ले-ले दौड़ने लगे। चौके से जो बरतन उन्हें ठीक

जँचता, चुपके से उठा भाग जाते। कोई रोटी, तो कोई पानी, तो कोई ओढ़ने और बिछाने की व्यवस्था में व्यस्त। उन्हें न अपने खाने-पीने, न नहाने-धोने की सुध ही रहती। अम्मा की सास, जो अंदर से नरम और ऊपर से कड़क थी तथा जिनका हुकुम ही घर पर चलता था, चिल्लाती ही रह जातीं, "अरे ज्यादा दूध पिलाओगे-खिलाओगे तो मर जाएगी। यह कुतिया न हो गई, मरी कोई रानी-महारानी हो गई।" नौकरों को कड़ी हिदायत दे देतीं कि देखो, बच्चे कढ़ाई से अपने आप दूध न ले जाएँ। पर भला ऐसा होता! राजू तो ऐसा था कि अपने पेट की रोटी भी दूसरों को निकालकर देनेवाला और काम निकालने में उस्ताद। चुन्नी, मुन्नी उसी को भेजतीं। वही मौका देख भंडार से जो मन, होता निकालकर भाग जाता। सास को पता चलता तो चिल्लाती-चिल्लूतीं, फिर चुप हो जाती। कुतिया खा-पीकर खूब स्वस्थ और बच्चे दूध पी-पीकर गेंद से फूले-फूले भागने दौड़ने लगे। कितने ही दिनों तक वे पिल्ले बच्चों के मनोरंजन का साधन बने रहे। अम्मा परोक्ष-अपरोक्ष रूप से बच्चों के मनोरंजन में शामिल रहतीं थी। पिल्ले बड़े होकर जब भाग गए, तब कहीं जाकर बच्चे उन्हें भूल पाए।

सोचते-सोचते अम्मा अतीत से वर्तमान में लौट आईं। वर्षा ऋतु थी। रात को घनघोर वर्षा हो उठी। मूसलाधार पानी रुकने का नाम ही नहीं ले रहा था। अम्मा का दिल सद्यःप्रसूता कुतिया और उसके बच्चों की चिंता में व्याकुल हो उठा। मन नहीं माना तो उठकर खिड़की पर जा पहुँची। अँधेरे में कुछ दीख तो नहीं रहा था, पर बच्चों की चिचियाहट खूब सुनाई दे रही थी। चारों ओर कोई नहीं था। नौकर सब सोने जा चुके थे, बेटे-बहू-बच्चे ऊपर सो रहे थे, पानी गरजन-तरजन से बरस रहा था। अम्मा का मन दुःख से कातर हो उठा। पानी में डूबे नन्हे-नन्हे बच्चे अपनी माँ की छाती के नीचे-ऊपर उतराते-डूबते चिचिया रहे थे। अम्मा तो अपना माथा पकड़कर बैठ गईं कुरसी पर। अब कोई नहीं बचेगा, सब मर जाएँगे! कैसे बचाएँ? दुःख, क्रोध, ग्लानि और अपनी विवशता में डूबी अम्मा वहाँ से हट अपने कमरे में चली गईं। आज उनका समय होता तो एक आवाज पर नौकर दौड़े आते और कैसे ही न कैसे

वह कुतिया और उसके बच्चों की सुरक्षा का बंदोबस्त करा ही लेतीं। अम्मा का मन क्रंदन करने लगा। न पानी थम रहा था, न बच्चों की चिचियाहट। कुम्हारिन की तरह बस अम्मा गुहार लगाने लगीं, "हे नारायण, जैसे तुमने पकते आँवे से बिल्ली के बच्चे सकुशल बचाकर भक्त प्रह्लाद को दिखलाए थे, इस मूसलाधार पानी से इन प्राणियों की जांन बचा।" चिचियाहट से बचने के लिए अम्मा ने हारकर कानों में रुई लगा ली। सोचते-सोचते आधी-अधूरी नींद में रात गुजर गई। पानी थम चुका था। हल्की धूप निकल आई थी। खिड़की से झाँका तो न वहाँ कुतिया थी, न बच्चे। मैडम के हुक्म और डर से सुबह-सुबह पानी थमते ही कुतिया खाने की तलाश में गई तो नौकरों ने बच्चे किसी सुरक्षित स्थान पर रख दिए। अम्मा ने सबसे पहले पूछा, "कोई मरा तो नहीं? बड़ी भारी वर्षा हुई थी रात को।" जवाब आया, "नहीं, अम्माजी, सब ठीक थे, कोई नहीं मरा।" अम्मा का हृदय कमल खिल उठा। नारायण ने पुकार सुन ली। जाको राखे साईंयाँ मार सके नहीं कोय। पिल्लों की जगह अगर इनसान के बच्चे होते तो निमोनियाँ से मर गए होते।

अम्मा ने अपनी बहू सो कौल्ड मैडम के जैसा कठोर हृदय तो देखा ही न था। इस दिल में तो न नूतन, न पुरातन किसी भी प्रकार की दया-माया नहीं, सूखा-शुष्क रेगिस्तान हो जैसे। अम्मा सोचती, फूल जैसे बच्चों को जन्म देकर भी यह हृदय इतना कठोर कैसे है? लोहे के समान। अम्मा समझ न पाती। 'परहित सरस धर्म नहीं भाई' की माला जपनेवाली अम्मा को पर पीड़न रास नहीं आता। अति कष्ट होता है। हृदय-परिवर्तन की प्रभु से प्रार्थना ही करती हैं। दंड तो दे नहीं सकती थी। समय उनका नहीं रहा है जो।

चार-छह दिन बाद संध्या समय अम्मा घूमने निकलीं तो पाँचों-छहों उसी कुतिया के नन्हे-नन्हे बच्चे उनके आगे-पीछे, इर्द-गिर्द घूमने लगे। अम्मा बहुतेरा अपने को बचाएँ पर वे तो कूँ-कूँ करते नटखट कहाँ मानें! कोई पैरों में न आ जाए, हुश-हुश कर अम्मा भगाने की चेष्टा करें, पर बच्चे कि लिपटे ही जाएँ। वही कुतिया दूर खड़ी सब देख रही थी चुपचाप। अम्मा आश्चर्य से देखती ही रह गईं। अरे कितनी जल्दी बड़े हो गए ये तो! उस रात

अम्मा इनकी सलामती की दुआ ही माँग सकीं, कुछ कर तो न सकी थीं। इतने में सामने के घर से एक स्त्री नन्ही सी कटोरी में दूध में भीगे बिस्कुट लिये एक पिल्ले के पीछे भाग-भागकर खिलाने का जतन करने लगी। भागते-दौड़ते पिल्लों को जब तक उसने खिला न लिया, वह पीछे ही पड़ी रही। अम्मा का मन आनंद विभोर हो उठा। मंद-मंद हँसते हुए यह वात्सल्य लीला देखती रहीं और मन कर उठा हृदयों की तुलना करने।

कई महीने अम्मा बाहर रहीं। फोन पर बच्चों से बात होती रहती थी। एक दिन बच्चे अमित और अर्जुन बड़े जोश से बोले, "अम्मा पता है हमारे साथ कौन है?" अम्मा बोली, "कौन है?" बच्चे बोले, "अम्मा, डब्लू" "डब्लू कौन?" बच्चे बोले, "अम्मा, कुत्ता।" एक क्षण को अम्मा सनाके में आ गई। कुत्ता पालने की हिम्मत कैसे आई इनमें? फिर मन की बात दबाकर मन-ही-मन प्रसन्न हो उत्साहित बच्चों से नन्हे डब्लू का विवरण सुनने लगी। क्या खाता है? क्या पीता है? कहाँ सोता है, उसके सोने के लिए स्पेशल टोकरी बनी है? बच्चे बढ़-चढ़कर अपनी खुशी जाहिर करते रहे, अम्मा सुनती रही। सुनते-सुनते वे अचानक पूछ बैठी, "तुम लोगों ने पापा से कुत्ता तो मँगा लिया, मम्मी गुस्सा नहीं हुईं? तुम्हें मार डाँट तो नहीं पड़ी?" बच्चे कुछ देर झिझके, फिर धीरे से बोले, "पहले हुई थीं, फिर ठीक हो गईं।" अम्मा मन-ही-मन मुसकराई। उनके मुख से निकल पड़ा कि औलाद से ही पराजित होता है इनसान!

□

एक थी वृंदावन की बाई

कृष्ण जन्मभूमि के दर्शनों को वृंदावन गई थी तो बाँके बिहारीजी के दर्शन किए बिना कैसे लौटती? पचास वर्षों के अंतराल के बाद यह सुनहरा मौका मेरे हाथ आया था। अपने बाल्यकाल और किशोरावस्था में मथुरा के किशोरी रमन कॉलेज में मेरी शिक्षा हुई थी और उसी के बोर्डिंग में रहने का अवसर मुझे मिला था। तब अनेक बार वृंदावन आना-जाना होता रहा। इतने समय के बाद फिर से वृंदावन की गलियों में घूमते हुए अनेकों मधुर स्मृतियाँ मेरे मन में जाग उठी। सभी कुछ जाना-पहचाना सा लग रहा था। वही बाँके बिहारीजी का मंदिर और वही उनकी बाँकी चितवन। वही यात्रियों की भीड़-भाड़ और वही उनके पीछे पड़े पंडे-पुजारी। बाँके बिहारीजी की सँकरी गली तो पचास वर्षों में तनिक भी नहीं बदली थी। माखनचोरवाली कृष्ण की सुंदर-सुंदर तसवीरों से भरी दुकानें, माला, चूड़ी, बिंदी और रंग-बिरंगे वस्त्राभूषणों से सजी दुकाने जैसी-की-तैसी ही थीं। दूसरी तरफ कलाकंद, रबड़ी और प्रसाद के पेड़ों की सुगंध फैलाती हलवाइयों की दुकानें। सबकुछ पहले जैसा ही था। मैं तो प्रौढ़ा हो गई पर यहाँ तो प्रौढ़ता के कोई लक्षण ही नजर नहीं आ रहे थे। लाल-लाल गुलाब के फूलों के हार, जूही चमेली की महकाती गंध, पूजा आरती के लिए फूलों, दीपों से सजी डलियाओं को लेने का आग्रह करते माली-मालिन वही पुराना समाँ बाँध रहे थे। मैं तो आत्मविभोर हो उठी।

अचानक मुझे याद आया कि बाजार में एक पूड़ी-कचौड़ी की दुकान भी हुआ करती थी। वहाँ खानेवालों की भीड़ लगी रहती थी। मेरे पेट में उस स्वादिष्ट चटपटे पूड़ी-साग को खाने की इच्छा बलवती हो उठी और मेरे पैर

स्वतः ही उधर चल पड़े। दुकान पर लोगों की भीड़ अभी भी लगी थी। गरम-गरम पूड़ी-कचौड़ी संग रायते की सौंधी-सौंधी गंध से खिंची मैं दुकान पर जा पहुँची। अपनी बारी का इंतजार करते-करते मैं चारों ओर का अवलोकन करने लगी। पुरानी यादें ताजा करने लगी कि अचानक मेरी दृष्टि एक ऐसे प्राणी पर पड़ी कि मैं आवाक् रह गई। मुझे विश्वास हो गया कि यहाँ सचमुच कुछ भी नहीं बदला। यह थी एक भीख माँगती रेरियाती-गिड़गिड़ाती अति निर्बल एक बँगालिन बाई। वह पत्ता चाटनेवालों के सामने हाथ पसारकर खड़ी हो जाती। वह मुँह घुमा लेता, तो थोड़ा इंतजार करती, फिर दूसरे के आगे हाथ पसारती खड़ी हो जाती। गिड़गिड़ाने लगती। उसकी आशा भरी आँखों में निराशा छलछला उठती। मैं सबकुछ भूल गई और अतीत में गोते लगाने लगी। मेरी स्मृति में अनेक बाइयाँ उमड़ने-घुमड़ने लगीं। नाक से भाल तक तिलक लगाए, गले में कंठी माला पहने, अपने अर्धनग्न शरीर को सफेद धोती में लपेटे, युवती, प्रौढ़ और वृद्धाओं के समूह-के-समूह। अपनी लाचारी पर आँसू बहाती कहीं शोषित बीमार और बूढ़ी तो कहीं साँवरी, कहीं गोरी, अपने माँसल शरीर को छुपाती युवती, तो कहीं अपने कुटिल कटाक्षों के नैन बाण चलाती, अनेक बाइयाँ-ही-बाइयाँ। बाजारों में भीख माँगती, न जाने कितनी मैंने अपने बचपन में देखी थीं। एक पैसा रोज पर कीर्तन करनेवाली अभी भी वैसी ही है। अभी भी कीर्तन कर रही है। अभी भी भीख माँग रही है। न जाने कौन निर्दयी इन अबोध नन्ही कलियों को किस अपराध में दूर देश बंगाल से यहाँ कृष्ण के धाम वृंदावन में छोड़ गया था और अभी तक सुधि नहीं ली! मैंने तो सुना है कृष्ण, तुम भक्तों की पुकार पर नंगे पैर दौड़े चले आते हो, फिर इन निरपराध, समाज से प्रताड़ित अबलाओं की निरंतर अविरल गति से पुकारती कीर्तन ध्वनि तुम्हारे कानों तक नहीं पहुँची क्या? कब इनकी मुक्ति करोगे? यही सोचते-सोचते अचानक मेरी स्मृति में एक चेहरा उभरा अपने होस्टल में काम करनेवाली बाई का। जिसने भीख माँगने और कीर्तन करने का सर्मपण छोड़ मेहनत-मजदूरी करना श्रेष्ठ समझा था।

हमारे बोर्डिंग में कई नौकर और दाई काम करते थे। उन्हीं में एक बूढ़ी

बँगालिन बाई थी। नाम तो उसका क्या था, पता नहीं, पर सब उसे बाई-बाई कहकर ही पुकारते थे। इससे पहले मैंने न बँगाली लोग देखे थे और न उनकी भाषा सुनी थी। सो इस बाई को मैं बड़े मनोयोग से देखती-सुनती थी। गहरा साँवला रंग, छोटा सा कद, न पतली, न मोटी, गोल-गोल चेहरे पर ऊँचा माथा ओर सामान्य से बँगाली नैन-नक्श। उम्र और जमाने की मार से गालों पर झुरियाँ और चेहरे पर काली-काली झाइयाँ पड़ गई थीं। हरदम पान-तंबाकू चबाती रहती, जिससे उसके फीके-फीके होंठ लाल-लाल, काले-काले रहते। इसी कारण उसके दाँत भी ऐसे हो गए थे कि हँसती तो सूखे अनारदाने की तरह दीखते। बँगाली थी, सो जवानी में घनी केशराशि रही होगी, पर अब तो बाल उसके खिचड़ी जैसे हो गए थे। रूखे-सूखे घने बालों का हाथ से लपेटा गोल जूड़ा उसके गोल सर पर सदा बँधा रहता। सामने के उड़ते बालों को वह हाथ से ऊपर समेटती रहती थी। बदन पर केवल एक बिना पाड़ की पुरानी मटमैली सी धोती बाँधे रहती, जिसके पल्लू में उसकी कोठरी की चाभी बँधी रहती। ब्लाउज पहने तो हमने उसे कभी भी नहीं देखा। बँगाली ढंग से ऐसे साड़ी बाँधती कि सीना और पीठ सब ढके रहते। न कभी वो चप्पल पहनती थी, चाहे कितना ही जाड़ा पड़ जाए। उसके पैर के अँगूठे उँगलियाँ फैलकर बत्तख के पंजों का आभास देते थे। कमर भी उसकी झुककर दोहरी सी हो गई थी। जिस पर भी वह हमें सदा भागती-दौड़ती दिखाई देती। बत्तख जैसी डुगडुगाती चाल से कभी इस कमरे में घुसती दिखती तो कभी उस कमरे में। हमने कभी उसे एक जगह काम करते नहीं देखा, जैसे कि वह स्टैंडबाई हो या फिल-इन-द-ब्लैंक हो। जब जहाँ जरूरत पड़ गई, वहीं पहुँच जाती। मिस गुप्ता के कपड़े धो रही है आज, तो कल मिस चैटर्जी का कमरा साफ कर रही होती। कभी मिसेज चाँद बीमार पड़ गई तो उनकी तीमारदारी में दिखाई देती तो कभी किसी और की। इस तरह सब उसे घेरे रहतीं। उसके बिना किसी का काम भी न चलता था। जिस पर भी उसके काम में मीन-मेख निकालती तो बाई धीरे-धीरे बँगाली में कुछ-कुछ बुड़बुड़ाती जाती "आमी की कोरबो, आमी की कोरबो बाबा, आमी किछु जानी ना।" बाँग्ला मिश्रित

हिंदी में बुदबुदाती–भागती दौड़ती रहती। हम देखते कि मैस का रसोइया जब काम छोड़ कर बैठ जाता या बीमार ही हो जाता तो इतना बड़ा मैस बाई ही सँभालती। कौन समय पर खाना बनाकर देता? बाई ही देती। हम लोग मैस के आगे से निकलते तो देखते अस्त–व्यस्त बुढ़िया बड़े मनोयोग से लिपे–पुते मिट्टी के चूल्हों पर दाल–भात तरकारी बनाती दिखाई देती। बैंगन का भाजा तो ऐसा बनाती कि मुँह में पानी आ जाता। हमारे यू.पी. में उस जमाने में कौन बैंगन भाजा जानता था? मैंने तो सबसे पहले बाई के हाथ का ही जो लाल–लाल नमक मिर्च हल्दी लगा सरसों के तेल में तला हुआ बैंगन भाजा खाया, वह किसी के हाथ का नहीं खाया। वह खाना बनाती जाती और अदृश्य में न जाने किस की आलोचना करती जाती। हम लोग कहते, "बाई किसको गाली दे रही है?" तो एकदम बौखला जाती और "केऊ नई केयू नाई, चौलो–चौलो, भागो–भागो, आपना काज कौरो बाबा", कहकर हमें घुड़कती। हम लोग हँसते हुए भाग जाते।

बोर्डिंग में काम रहता तो उसका गुजारा अपने आप चलता रहता। कहीं से कुछ मिल जाता। कहीं से कुछ। खास बात यह थी कि वह सब जगह से सब्जी भाजी का छीलन, काटन बटोरती रहती। बैंगन, मूली, गाजर, गोभी, प्याज, टमाटर, कद्दू जो कुछ भी कटा–छँटा फेंका जाता, वह बड़े प्रेम से सहेजकर बटोर ले जाती। मैं बड़े आश्चर्य से देखती रहती कि क्या करेगी इसका? पूछने पर पता चलता कि इसी की तो रोज यह सब्जी बनाती है। चौड़ चौड़ी बनाती है। ऐसी बनाती है कि उँगलियाँ चाटते रह जाओ। हम सहेलियाँ एक–दूसरे का मुँह देखती रह जातीं। बस वह निरंतर इसी प्रकार कुछ–न–कुछ में व्यस्त रहती।

हॉस्टल के बाहर एक तरफ दरबानों और नौकरों के क्वार्टर बने थे। वहीं दो कोठरियों पर बाई ने अपना आधिपत्य जमाया हुआ था। कोठरियों के बाहर की जगह को उसने सूखी लकड़ियों से घेर दिया था। खाली समय में बाई सूखी लकड़ियाँ ही चुनती रहती थी। हमारे हॉस्टल के चारों ओर पेड़–ही–पेड़ थे, मिट्टी के ऊँचे–ऊँचे टीले थे। बस सब जगहों से चुन–चुनकर लकड़ी इकट्ठी

करती रहती। कभी-कभी हम देखते कि भरी दुपहरी में, जब सब आराम करते थे, वह सूखी टहनियों का गट्ठर दबाए लकड़ियाँ ढूँढ़ती फिरती। उसने अपने आँगन में ढेर लगा रखा था। हम बच्चों को बड़ा आश्चर्य होता कि क्या करेगी इनका ? कमान की तरह झुकी उसकी कमर दिनोंदिन इसी कारण झुकती ही चली जा रही थी। हम तीन सहेलियाँ थीं। शाम को हमारी छुट्टी रहती थी। इस समय हम लोग रस्सी कूदते, बगीचे में भागते-दौड़ते और खूब मटरगश्ती करते। क्या दिन थे! उन दिनों की शरारते लिखने लगूँ तो पन्ने-के-पन्ने भर जाएँगे। इसी प्रकार कभी-कभी हम लोग दरबानों के क्वार्टरों की तरफ निकल जाते थे। वहाँ हम लोगों का बड़ा मन लगता था, क्योंकि वहाँ हमारी आवभगत भी खूब होती थी। हम लोग उनके छोटे-छोटे बच्चों को देखते, उन्हें फूल-फाल देकर रिझाते, कहानी-किस्से सुनते। एक दिन हम बाई के बाड़े से घिरे आँगन में घुस गए। वहाँ जाकर हम लोग अवाक् रह गए। चारों तरफ सुखे झाड़-झँखार के ढेर लगे थे। चकित से हम खुली कोठरी में झाँकने लगे तो और भी चकित रह गए। जमीन से लेकर छत तक रद्दी कागजों का अंबार लगा था। अध्यापिकाओं द्वारा फैंकी हुई लगभग सभी वस्तुएँ वहाँ विद्यमान थीं। टूटी बोतल, शीशी, डब्बे, डिब्बी, ढक्कन, टीन-टप्पर, क्या नहीं जमा था वहाँ! दरिद्रता का जैसे वहाँ ढेर लगा हो। सारे दिन बाई जो चुनती थी, वह यही सब खजाना तो था। कौन सा मनोविज्ञानिक कारण था, जिसके वषीभूत वह इस भंगार को इकट्ठा करती थी ? उस लड़कपन में यह हमारी समझ से बाहर की बात थी। अलबत्ता हमारा मनोरंजन खूब हुआ।

अभी तक मैंने यह नहीं बताया कि बाई का एक पंद्रह-सोलह साल का बेटा भी था। उसका नाम था, द्वारका। बाई बोर्डिंग में काम करती थी तो सहृदय प्रधानाचार्या ने और अध्यापिकाओं ने मिलकर उसके बेटे की शिक्षा का प्रबंध करा दिया था। उसकी फीस माफ थी, पुस्तक-कॉपियों का प्रबंध भी हो जाता था। भोजन की व्यवस्था भी कठिन परिश्रम करके बाई कर ही लेती थी। द्वारका अपनी माँ से कुछ-कुछ मिलते-जुलते नैन-नक्श का, सदा चुपचाप रहनेवाला था। उसकी उपस्थिति इतने बड़े बोर्डिंग के अहाते में

नगण्य ही थी। कब वह स्कूल जाता, कब आता हमें पता भी नहीं चलता था। कभी-कभी अध्यापिकाओं के सामने पड़ जाता तो एकदम सिमिट-सुकुड़कर नीचे को मुंडी झुकाकर खड़ा हो जाता था। नमस्कार के लिए भी उसके हाथ जैसे बड़ी मुश्किल से ही उठते थे। अध्यापिकाएँ कहतीं, "अरे यह क्या द्वारका? ठीक से खड़े होओ, ऊपर देखो", तब वह अपना फीका पीला-पीला सा मुँह ऊपर उठाकर नमस्ते करता, शरमाता-सकुचाता और थोड़ा सा मुसकराकर फिर अपने में सिमिट जाता। वे लोग उसकी पढ़ाई-लिखाई की रिपोर्ट लेती रहती, किसी चीज की जरूरत होती तो मँगा देती। बाकी समय वह अपनी कोठरी ही में बंद रहता। एक बार जब हम बाई के घर में घुस गए थे तो ए कोठरी तो कचरे से पटी पड़ी थी। दूसरी में ये महाशय आदिमानव की तरह कोने में बैठे पढ़ रहे थे। मैली-कुचैली वस्तुओं से भरी कोठरी की दुर्गंध से हम लोग तो उल्टे पैर भाग खड़े हुए थे, पर द्वारका उसकी गंदगी से कैसे मेल बिठाता था, यह हमारी अल्पबुद्धि के बाहर की बात थी। हम अबोध यह समझने लायक नहीं थे कि किन कठिन परिस्थितियों में वह निर्धन विधवा का बेटा जी रहा था। कैसे उसकी असहाय माँ उसका भविष्य बनाने में जुटी रहती है? दूसरों की दया पर पलनेवाला, फैंकी हुई तरकारी की छीलन की सब्जी खाकर बड़ा होनेवाला और कैसे होगा? हीन भावना से ग्रसित होने के लिए यह क्या कम कारण थे? ये बातें हमारी समझ में नहीं आती थीं। हमें तो हर बात में कौतुक ही कौतुक दिखता था।

द्वारका पढ़ाई में ठीक था। तभी तो उसने एंट्रेंस की परीक्षा पास कर ली थी। उस दिन बाई के पैर जमीन पर नहीं पड़ रहे थे। बार-बार ऊपर हाथ उठा-उठा भगवान् को धन्यवाद देती रही।

अब यदा-कदा हम देखते कि कोई-कोई अध्यापिका परीक्षा की कॉपी जाँचने के लिए उसे बुलाने लगी थीं। वह कॉपी जाँचने में मदद करता तो उसे कुछ-न-कुछ मिल जाता था, पर उसकी एक-दो बातों से सब बहुत चिढ़ती थीं। एक तो वह गंदा बहुत रहता था। दूसरे, वह उनकी सुंदर-सुंदर चीजों को बिना पूछे छू-छूकर उलट-पलटकर देखता था। इसे वे 'बैड मैनर्स'

कहती थीं। अब उन्हें भी यह सोचना चाहिए था कि कूड़े-कचरे के ढेर में बैठे रहनेवाले के शरीर में क्या गुलाब की खुशबू आएगी? और वो क्या जाने, आपकी कीमती चाँदी की डिब्बी, सुंदर पेन, पेंसिल, कलमदान या काँच का सुंदर पेपरवेट, जिनके अंदर से चमकती संतरे की फाँके और रंग-बिरंगे फूल हम लोग ही घँटों घुमा-घुमाकर देखते नहीं थकते थे। तो द्वारका के लिए अचंभित होना स्वाभाविक ही था। बेचारे की डाँट-डाँटकर आदत सुधारी गई। साथ में, हम लोग भी डर गए और सीख गए कि बिना पूछे किसी की चीज नहीं छूनी चाहिए। अब रही गंदे रहने की बात। वह सचमुच नहाने से कतराता था या डरता था। बाई ने उसे बीमार पड़ने के डर से नहाने की आदत ही नहीं सिखाई थी शायद। सभी कहते थे कि द्वारका नहाता ही नहीं है। एक दिन सुना कि द्वारका एक साल से नहाया ही नहीं है। सच था या झूठ, भगवान् जाने। पर जो मनोरंजक घटना घटी कि युग बीत गए, पर मैं अभी भी भूल नहीं पाई। याद आने पर अकेले में भी हँस पड़ती हूँ।

हुआ यह कि हॉस्टल की वार्डन को पता चला कि द्वारका एक साल से नहीं नहाया है। वे थीं हट्टी-कट्टी दबंग महिला। अपना दरोगाई अंदाज ले वे जा पहुँची द्वारका के सामने और उसी कड़क अंदाज में बोलीं, "हमने सुना है तुम नहाते नहीं हो?" द्वारका चुप, उन्होंने कई बार पूछा, पर द्वारका था कि नीचे को मुंडी करे खड़ा, कोई जवाब नहीं। वार्डन पर भी उसे नहलाने का भूत सवार हो गया था। सावन-भादों के बरसात के दिन जमुना लबालब भरी उफन रही थी। वार्डन ने आव देखा, न ताव, बस पकड़ ले चली द्वारका को। हम भी खुशामद-दरामद करके साथ हो लिये। द्वारका का हाल तो उस गाय की तरह था, जिसे कोई कसाई ले जा रहा हो। हड़काते-हड़काते उसे किसी तरह जमुना किनारे तक ले जाया गया। जैसे जमुनाजी पास आती जा रही थी, द्वारका की जान निकली जा रही थी। निरीह मूक गाय की तरह कुछ कहने या निकल भागने की तो उसकी हिम्मत ही नहीं थी। पर हम लोगों के आनंद का ठिकाना न था। वार्डन बोली, "उतारो अपने कपड़े।" पर वह अचल खड़ा रहा। कई बार "अरे उतारो अपने कपड़े, उतारो अपने कपड़े" कहने पर भी उसने कपड़े

नहीं उतारे तो झपाक से वार्डन ने आगे बढ़कर उसकी कमीज उतार फेंकी। पल भर में जब तक द्वारका कुछ सावधान हुआ, उन्होंने उसी दरोगई अंदाज में द्वारका को कसकर पकड़ा और जमुनाजी में खड़ा कर दिया। एक, दो तीन, चार, जितनी बार वो कर सकती थीं दे दनादन डुबकी उसको लगवा दी। वह ह हा ह हा करता ही रह जाता कि फिर डुबकी लग जाती। जब वार्डन साहिबा को अंदाज हो गया कि बस ठीक है, तब वे उसे खड़ा करके बोली, "मलो अपने बदन को।" मरता क्या न करता! द्वारका जबरदस्ती उस दिन जाने कितने किलो मैल से हल्का हो गया। वार्डन धमकाती हुई बोलीं, "अब देखती हूँ कैसे नहीं नहाएगा?" हम लोगों का तो जो मनोरंजन हुआ। वह मैं लिखकर व्यक्त नहीं कर सकती। नहला-धुलाकर हमारी पार्टी खुशी-खुशी लौटी, जैसे दुर्गाजी की मूर्ति विर्सजन करके आ रहे हों।

समय आगे बढ़ता गया। मैं शिक्षा के लिए अलीगढ़ आ गई, पर मथुरा से मेरा संबंध बना ही रहा। पता चला, द्वारका स्कूल में अध्यापक हो गया था और बाई ने उसके पैरों में विवाह के झाँझर भी पहनाकर अपना कर्तव्य पूरा कर लिया। अपनी कल्पना में द्वारका को और बाई को यादकर मैं विभोर हो उठती हूँ। युग बीत जाने पर भी मुझे अपना वह बचपन याद आ जाता है, और याद आ जाती है वह कर्मठ और पद्मश्री प्राप्त करने की अधिकारिणी बाई।

□

कमला बुआजी

खट्टे-मीठे आमों से भरी टोकरी देख मुझे एकदम से खट्टी-मीठी कमला बुआजी की याद आ गई। उन्हीं के लगाए पेड़ से टूटकर तो आए थे ये आम। जीते जी तो किसी को छूने भी न देती थीं। अपने हाथ से ही देती थीं। अब कोई भी ले जाए। एक क्षण को तो मैं सकपका ही गई।

सबसे पहले उनसे मेरी मुलाकात अपने विवाह के अवसर पर ही हुई थी। अपनी ससुराल में। रिश्ते में वे मेरी ननद की ननद लगती थीं। अभी अविवाहित ही थीं, पर खूब चंचल, हँसने बोलनेवालीं। मेरे ससुराल का परिवार बड़ा वृद्ध था। ढेरों ननदें और देवर थे। ननद की ननद होने के कारण उनके साथ मजाक का रिश्ता बनता था। जब देखो तब कोई-न-कोई उनके पीछे पड़ा रहता था। तरह-तरह के मजाक और छेड़खानियाँ सब करते रहते, पर वे भी कुछ कम नहीं थीं। खूब खुले दिल से उत्तर-प्रत्युत्तर दे-देकर मनोरंजन करती रहतीं। कभी-कभी कोई द्विअर्थीय मजाक भी कर बैठता तो वे बाँकी अदा से ऐसा मुँहतोड़ उत्तर देतीं कि उसे भागते ही बनता। न शरमातीं न झिझकतीं। मैं तो देखती ही रह जाती। मुझमें तो उन मजाकों को समझने की भी बुद्धि न थी। अपने आठ भाई-बहनों में कमला बुआजी सबसे छोटी थीं, इस कारण थोड़ी लड़ैती और सिरचढ़ी भी थीं। दूसरे, उन्हें इस बात का भी गुमान था कि अपने आबनूसी काले खानदान में एक वही कुछ उज्ज्वल रंग की थीं, जैसे काली अँधेरी रात में द्वितीया का चाँद, उज्ज्वल भी और वक्र भी। शक्लो सूरत तो प्रभु दया से ठीक ही थी, पर दाँत कुछ बड़े-बड़े और बाहर झाँकते हुए से। हँसतीं तो बिखर उठते। आँखें छोटी-छोटी और पैनी दृष्टिवाली।

बचकर निकलना मुश्किल। छोटे कस्बे की होने पर भी अकड़-धकड़ पूरी थी। जैसे मैं किसी से कम नहीं। जो थोड़ा बहुत परिचय मेरा उनसे उस समय हुआ, वहीं तक सीमित रहा। फिर मिलना तो नहीं हुआ। पर अपनी ननद से उनके बारे में सुनने को मिलता रहता था। पुराना जमाना था। ननद-भावज का जहाँ बड़ा मीठा मधुर रिश्ता बनता था, तो दूसरी तरफ पैंतरेबाजी का भी था। कमला बुआजी इसमें बड़ी निपुण थीं। वे नित्य नई-नई कारगुजारियाँ कर करके मेरी ननद को सताती थीं। मेरी ननद बड़े घर की बेटी थीं, कभी काम किया नहीं था, इधर उनकी सारी ननदें एक से एक चतुर थीं। बड़ी चार तो कुछ न कहतीं, पर कमला बुआजी की नादानियों का अंत ही न होता। भाभी की टेढ़ी-मेढ़ी रोटी को हवा में लहरा-लहराकर सबको दिखातीं, "देखो-देखो हमारी भाभी की रोटी, चीन जापान का नक्शा देखो", मेरी सीधी-सादी ननद मन-ही-मन रो जाती। कभी उनकी सिलाई-बुनाई का मजाक उड़ाती तो कभी किसी बात का कभी किसी बात का। पर उनको कोई रोक न पाता। एक की चार सुनातीं। शायद इससे उनके अहं की तुष्टि होती हो अथवा भाई के बँटने का क्षोभ शांत होता हो। पर ऐसा कर करके उन्होंने मेरी ननद को भी खूब चतुर बना दिया। कालांतर में वे मेरी ननद की आँखों की किरकिरी ही बन गईं। फिर जीवनभर उनके फासले ही रहे। मेरे मन में उनकी बड़ी तेज-तर्रार छवि बैठ गई थी।

समय आगे बढ़ता गया। कमला बुआ मेरे जहन से दूर चली गई थीं। पर एक दिन पता चला कि उनके पति मद्रास फैक्टरी में कंपनी सैक्रेटरी के पद पर नियुक्त हुए हैं। इस प्रकार एक बड़े अंतराल के बाद कमला बुआजी से फिर से मिलना हुआ।

वर्ष में तीन-चार बार तो हमारा मद्रास जाना होता ही था। हमारी रिहाइश और कुछ खास लोगों के क्वार्टर फैक्टरी के अंदर ही थे। उन्हीं में कमला बुआजी का भी था। मैं खाली समय बिताने उनके ही यहाँ चली जाती थी। अभी तक कमला बुआजी को मैं कमला बहनजी कहती थी, पर अब मेरे बच्चों की बुआ हुईं, सो अब उनका नाम वहाँ 'कमला बुआजी' ही प्रसिद्ध हो

गया। मैं उन्हें बहनजी ही कहती और वे मुझे भाभीजी।

अब की कमला बहनजी और तब की कमला बहनजी में बहुत अंतर आ गया था, जो स्वाभाविक ही था। अब वे कई-कई बच्चों की माँ और प्रौढ़ा पत्नी बन चुकी थीं। पर उनका जोश-खरोश, हास्य व्यंग्य और तेजी-तर्रारी वैसी ही थी। बात के मर्म को खूब पकड़ती थीं। अपनी ननद से सुने उनके चरित्र-वर्णन के कारण मैं प्रारंभ में अधिक ही सतर्क रही, पर धीरे-धीरे मैं उन्हें पहचानने लगी और वे भी मेरे निकटतर आने लगीं। जैसे सख्त और खुरदुरे आवरण के तले शुभ्र और कोमल नारियल छुपा रहता है, वैसा ही कुछ-कुछ उनका हृदय मैंने पाया। अंतर में कहीं उदारता और प्यार का सागर भी लहराता था। कर्तव्यबोध और परसेवा की भावना उनके दबंग स्वभाव के समानांतर चलती थी। खट्टा-मीठा स्वभाव था। काम पड़ने पर कभी पीछे न हटतीं और अतिथि सेवा बड़े मन से करती थीं। इन्हीं कुछ सद्गुणों के कारण मैं उनके निकट आती गई और उन्हें करीब से जाना। मेरे मन से डर हट गया।

लगभग तीस वर्ष हमारा उनका साथ रहा। आगे का सारा जीवन मेरी आँखों के समक्ष ही बीता। उनके बच्चे बड़े हुए, पढ़ाई-लिखाई, शादी-ब्याह हुए। लड़कों की नौकरी-व्यापार सब हमारे सामने हुए। एक ममतामयी माँ और कर्तव्यनिष्ठ पत्नी तथा कुशल गृहिणी के सारे गुणों का सुंदर मिश्रण था उनके व्यक्तित्व में। सीमित आय में जैसा घर चलातीं कि मैं देखती ही रह जाती, ठगी-सी। एक मद में कटौती कर बड़ी कुशलता से दूसरी पूरी कर लेतीं और भी परिवार थे, कभी-न-कभी अपनी तंगी का रोना रो ही देते थे, पर कमला बुआजी को कभी नहीं देखा मैंने न सुना। अपनी हैसियत अनुसार खुले हाथ से खर्च करतीं। आम गृहिणियों की तरह अशोभनीय कंजूसी करते कभी नहीं देखा मैंने। अपने बच्चों की शिक्षा-दीक्षा, पहनना-ओढ़ना सब दुरुस्त रखतीं। लड़कों को इंजीनियर बनाया, बेटियों को ग्रेजुएट। "कहतीं भाभी अब जमाना ऐसा आ गया है तुम तो जानती हो, शिक्षा बहुत जरूरी हो गई है। न जाने कब अपने पैरों खड़ा होना पड़ जाए! हमारे जमाने की तरह थोड़े ही है कि मिडिल कर लिया तो तीर मार लिया होता था। थोड़ा कम खा लो, पर

बच्चों को पढ़ाओ जरूर", और मेरी तरफ देख अनुमोदन की आशा करतीं। मैं कहती, "आप ठीक कह रही हैं बहनजी", तो उनकी छोटी-छोटी आँखों में चमक आ जाती। संतुष्ट हो उठतीं।

कंजूसी और दरियादिली की बात चल रही थी। सब की पसंद का खयाल रखतीं। उनके पति को बादाम, पोस्त का हलवा बहुत पसंद था। मँहगा होने के बावजूद बड़े प्रेम से बनाकर उन्हें अवश्य खिलातीं। जब मैं वहाँ होती तो छोटे से कटोरदान में मेरे लिए अवश्य भेजतीं और दिल से भेजतीं। यही कुछ दिल जीतने वाले गुण थे कि मेरे दिल में उनके लड़ाकू स्वभाव का बैठा डर गायब हो गया। हम लोग खूब हँसते-हँसाते, गप्पें लगाते। मेरे बच्चों का अड्डा तो कमला बुआजी के घर ही जमता था। वहाँ ताश-कैरम, कहानी-किस्से खूब होते। कमला बुआ बच्चों में बच्चा बन जातीं, खूब जमघट लगा रहता। कभी न उकतातीं। उनका एक बच्चा बैंजो बजाता था, खुशामद कर करके उससे सुनवातीं-सुनतीं और खुश होतीं। दोपहरियों में कभी प्लास्टिक की टोकरियाँ बुनी जातीं, बैग बुने जाते, कभी कपड़े सिलाई होते तो कभी ताश और कैरम होता। हार-जीत पर खूब हुल्लड़ मचता, शोर मचता, गोटी फिंक जाती तो कभी बोर्ड फिंक जाता, पर वे कभी न किसी को डाँटतीं; जाने कैसे सबों का फैसला करके फिर खेल शुरू करा देतीं। यह रोज का शगल था। मेरे बच्चों का वहीं मन लगता था। उन्हें कुछ-न-कुछ खिलाती-पिलाती भी रहती थीं। इसमें कोताही न बरतती थीं।

मैं जब भी जाती, झट दौड़कर आतीं। उनकी समझ में न आता कहाँ बिठाएँ मुझे! पंखा खोलती, कुरसी लाती, मैं कहती, "अरे-अरे, आप क्यों परेशान हो रही हैं? मैं यहीं तख्त पर ही बैठूँगी", और जिद करके वहीं बैठ जातीं, तो झट से दो-दो तकिए उठाकर मेरे पीछे लगा देतीं और कहतीं, "अच्छा तो आप आराम से लेट जाओ।" बत्ती न होती तो हाथ का पंखा उठा लातीं। मैं सकुचा जाती। "अरे-अरे, बहनजी सब ठीक है। छोड़िए न आप" और उनका पंखा अलग हटाती। तब वे कहीं शांत होतीं। फिर तत्काल अपनी बेटियों को आवाज देतीं, "अरी ऊषा, नीरा भाभीजी के लिए पानी लाओ",

फिर बोल पड़तीं, "चाय बनवाऊँ?" मैं कहती, "नहीं-नहीं, बहनजी अभी चाय का समय थोड़े ही है", तो कहतीं, "अरे, चाय का भी कोई समय होता है क्या? ऊषा, भाभीजी को अदरख की चाय बना", और जबरदस्ती चाय पिलाकर ही मानतीं।

फिर दुनिया जहान की बातें धीरे-धीरे शुरू होतीं। कहाँ से कोई खत आया, किसका आया, क्या लिखा है। हाथरस से उनके देवर का आया है। भाभीजी, सदा माँगते ही रहते हैं। अब देखो भाभी, हमारी भी तो गृहस्थी हो गई है, कब तक दे सकते हैं? बताओ और प्रश्नभरी दृष्टि से मुझसे पूछती-सी लगतीं। मैं हाँ-हूँ में सर हिला देती। फिर हाथरस की जायदाद की चर्चा उठाकर कहतीं, देखो, भाभी अब हवेली को वे ही लोग बरत रहे हैं। किराए-भाड़े की आमदनी वे ही लेते हैं। मैं तो कुछ माँगती भी नहीं हूँ। अब जब बँटवारा होगा, तब होगा। हवेली जाएगी। ये तो कुछ कहते नहीं। मैं कुछ कहूँ तो बुरी बनती हूँ। मैंने तो कहना ही छोड़ दिया है। फिर एक झटके से पल्ला-सा झाड़ इस झमेले की बात को परे फेंक हँसकर दूसरे टॉपिक पर आ जातीं। एक बार मैंने हँसकर उनसे पूछा, बहनजी बहुत से सरनेम देखे, सुने पर यह आपका आँधीवाल कहीं नहीं सुना। सुनते ही एक साथ जोश में भरकर खिलखिलाकर बोलीं, "अजी हमें तो पता नहीं, पर सब कहते है कि एक समय, आँधी की तरह घर में पैसा अर्राकर आया, सो आँधीवाल नाम पड़ गया। तभी हवेली बगीचे और जायदादें बनी रुपया बोरों में भर-भरकर आता था। धरती पर पैर न पड़ते थे।" फिर यकायक चुप होकर बोलीं, "पर भाभीजी सच कहूँ, जब होगा तब होगा, हमने तो कुछ देखा नहीं जी", फिर तिरछी नजर से मुझे देख दूसरे विषय पर आ गईं, दिल के किसी कोने में गम को दबा सामान्य होने में उन्हें जरा समय नहीं लगता था। मस्त जीव थीं।

एक रूप तो ये ऊपर लिखा उनका था ही, कुछ और भी विशेष गुण थे उनके। उनकी बड़ी बहन सरला भी यहीं मद्रास ही में ब्याही थीं। बड़ी नेक और सहनशील स्त्री थीं। दुःख में भी हँसती रहती थीं। पर ईश्वर ने उन्हें अत्यंत ही श्यामवर्णी रंग दिया था, जिसके कारण उन्हें अपने गौरवर्णी और धनाढ्य

ससुराल में सदा अवहेलना का सामना करना पड़ता था। उस श्यामवर्ण की खातिर उन्हें सदा सास-ननद के तीखे वाग्बाण, ताने-उलाहने सहने पड़ते। आप पटरानी बनी शासन करतीं और सरला बहनजी मद्रास की सड़ी गरमी में चौबीस घंटे चूल्हे चढ़ी रहतीं, पर कुछ न कर पातीं। चुपचाप आँसू बहातीं सबकी जली-कटी सुनती रहतीं। बहन की ऐसी करुणा और लाचार हालत देख कमला बहनजी का रोष प्रकट हुआ। उन्होंने पहले अपने जीजाजी को आड़े हाथों लिया, फिर औरों को। सबों की अक्ल ठिकाने लगा दी। मैंने पूछा बहनजी कैसे किया आपने यह सब, तो बड़े नजे से बोलीं, "अजी भाभीजी, करना क्या था, मैं बोली कि गोरा रंग ही सबकुछ होता है तो क्यों लाए मेरी बहन को ब्याह कर? कोई गोरी ही लाते? अपने भाग सराहो जो मेरी गाय जैसी बहन मिल गई। यहाँ काले कोसों दूर शादी करने तो दूर, आपको कोई घास डालने भी न आता। समझा क्या है आपने? और अपनी बहन को एक डाँट पिलाई कि यह क्या दशा बना रखी है आपने अपनी, आप किसी से कम नहीं हैं समझी!" बस भाभी सब छुम हो गए और भाभी मैं देखने के लिए अकसर उनके घर जाने लगी। भाभीजी कमजोर को सब दबा लेते हैं। अन्याय के आगे नहीं झुकना चाहिए। मैं ठीक कह रही हूँ न?" मैंने मन-ही-मन दाद देकर उनकी पीठ ठोंकी। "शाबाश बहनजी; आपने बड़ा अच्छा किया। इस प्रकार थोड़े ही सताना चाहिए।"

इस घटना के बाद तो बड़ी बहन के घर कमला बहनजी ही चौधरी बन गईं। काम निकालने में तो बड़ी चतुर थीं ही। जब जरूरत होती जीजा से कहकर कार मँगा लेतीं। फिर कुछ अपनी कुछ बहन की शोपिंग का बहाना कर घूम-घाम घर आ जातीं। बड़े रुआब से अंजाम देती, कोई दीनता हीनता से नहीं। जीजा व बहन के सास-ससुर कुछ न कह पाते। ऐसी था कमला बुआ।

किससे कैसे काम निकाला जाता है, खूब अच्छी तरह जानती थीं। मैंने लिखा है कि साल में चार-पाँच बार अपने पति के साथ मैं मद्रास जाती थी। मेरे पति उनके भाई लगे। खूब आदर-मान करतीं। जिद करके एक-दो बार

खाने पर अवश्य बुलातीं। मेरे पति खाने के बड़े शौकीन थे, खासतौर पर अपने उत्तर प्रदेश की उड़द की दाल-रोटी के। मिल जाए तो क्या कहने! बस कमला बहनजी पूछ-पूछकर एक से एक बढ़िया भोजन खिलाकर अपने भाईसाहब को एहसान से लाद देतीं, खुश कर देतीं। फिर कहतीं, "देखो जी भाईसाहब और भाभीजी, अब आपके पास आ गए हैं तो आप ही हो हमारे भाई-भाभी। अपने को तो मैं जानती नहीं, अब आप ही हो हमारे।" फिर मेरी तरफ देखकर पूछतीं, हँस-हँसकर, कभी गले से लिपटकर कि ठीक कर रही हूँ न?" मैं मुसकराकर रह जाती और भाईसाहब भी उनकी चतुराई समझकर हँसते हुए पान का बीड़ा दाब चलते बनते।

ऐसा व्यवहार कर करके रिश्तेदारी का जितना फायदा उठा सकती थीं, उठा लेती। पति चुप ही रहते। वही घर की मुखिया थी। जब भी मैं अगले ट्रिप पर आती उनके क्वार्टर में कुछ-न-कुछ परिवर्तन पाती। अपने भाईसाहब से मीठी-मीठी बातें कर कुछ-न-कुछ सैंक्शन करा लेतीं। कभी किवाड़ें ठीक हो रही हैं, तो कभी पंखे लग रहे हैं, कभी किचिन में प्लेटफोर्म बन रहा होता तो कभी बाथरूम में खटपट चल रही होती। अगल-बगल के लोगों की जरा परवाह न करतीं। जब उनका परिवार बढ़ा तो उन्होंने एक बार बीच की दीवार ही तोड़वाकर बगल का खाली क्वार्टर भी अपने में मिला लिया और कोने में एक आम का पेड़ भी रोप लिया, जिसके आम आज तोड़कर माली दे गया था। इस प्रकार अंग्रेजों की चालाकी की तरह उन्होंने भी अपनी ईस्ट इंडिया कंपनी का तंबू खूब बढ़ा लिया। ऐसी चतुराई से कि सब देखते ही रह गए।

मजे की बात तो यह कि संकोच करने की जगह बतातीं, "देखो भाभीजी, अब दो कमरों में कैसे गुजारा हो? कहाँ बच्चे सोएँ, कहाँ हम और शरारत भरी हँसी हँस पड़तीं। मेहमान आ जाते हैं तो कहाँ बैठाऊँ? कहाँ क्या करूँ? अब जगह तो चाहिए ही।" हमें भी महसूस होता कि बात तो ठीक ही है, और सुविधा दे देते। इस प्रकार कमला बहनजी बड़ी चतुराई से अपना संसार सँवारती रहतीं। पति की ढाल बनी वे ही आगे बढ़कर सब करती रहतीं। कहतीं "ये तो जी भाभी ऐसे हैं कि क्या बताऊँ मिट्टी के माधो, अरे ऐसा भी क्या

सीधा होना कि मुँह से कुछ फूटे ही नहीं। बस दफ्तर के काम के अलावा कुछ नहीं।" पति बेचारे धीरे से चुप साध जाते।

और देखिए उनकी बानगी! इतने वर्षों में, मैं तो तमिल भाषा का क ख ग घ भी न सीख पाई और कमला बहनजी ने कुछ ही दिनों में तमिल पर अपना अधिकार जमा लिया। अब वे तमिल ही में कामवालियों से अपना काम करा लेतीं। मजे से बतिया लेतीं, फैक्टरी में काम करनेवालों की बात समझ लेतीं। भाषा की सुविधा हो जाने से वो सबसे आगे निकल गईं। आड़े समय में अब लोग उनसे चुपचाप ब्याज पर रुपया लेने लगे। इस प्रकार कमला बहनजी मसीहा भी बन गईं और अपनी अतिरिक्त आय भी करने लगीं। कोई क्या कहता है, इसकी परवाह करना उनकी फितरत में ही नहीं था। इसी आत्मविश्वास से अपनी छह बच्चों की गाड़ी खींचती रहीं।

उनके सारे बच्चे उनके इशारों पर नाचते, पति स्वामी न होकर प्रिय शिष्य की तरह आज्ञा मानते। अपने काम के अतिरिक्त वे पत्नी के किसी कार्य में बाधक न बनते। हाथरस के वासी होने के कारण पूजा-पाठी थे। रोज मंदिर जाते थे नियम से पर कमला बहनजी कभी-कभी जाती थीं। चुहुल भरे लहजे में कहतीं, "इनकी सेवा कर देती हूँ, यही मेरी पूजा है जी, गृहस्थी देखूँ कि मंदिर जाऊँ? मैं तो यहीं से हाथ जोड़ देती हूँ भाभी"। हाँ, वर्ष में एक बार तिरुपति दर्शन को अवश्य जाती थीं, पूरे विश्वास के साथ। पर एक दुःखद घटना ने उनके विश्वास को करारी चौट मारी। हुआ यह कि छोटी सी बीमारी में उनकी दस वर्ष की प्यारी बेटी चुन्ना चल बसी। पति तो सह गए, पर कमला बहनजी न सह पाईं। उसी दिन से सब पूजा-पाठ बंद हो गया— "मैं नहीं मानती भगवान् वगवान। भगवान् होते तो मेरी चुन्ना क्यों जाती भाभी? अब कभी नहीं जाऊँगी तिरुपति। सब झूठ है।" और उन्होंने तो परमात्मा को ही चुनौती दे डाली। ऐसी चुनौती, ऐसी ललकार तो कोई सच्चा भक्त ही दे सकता है, फिर कभी नहीं गईं। समय बड़े-बड़े घाव भर देता है। यह तो मात्र नन्ही बच्ची का था। धीरे-धीरे सामान्य हो गया।

इस कथा का एक विशेष प्रसंग बहुत ही मनोरंजक है। एक बार छुट्टियों

में मेरे सारे बच्चे मद्रास ही में इकट्ठे थे। इस अवसर पर मैंने अपनी माँ को भी बुला लिया था। मेरी ननद का बेटा विवेक भी आया हुआ था, यानी कमला बहनजी का भतीजा। सब की महफिल कमला बहनजी के घर लगी थी। मेरी माँ की आदत थी, हर बात के पीछे से कह देती, "चलो, बड़ी अच्छी बात है" फिर चुप हो जातीं। विवेक कहीं बाहर से आया और मेरी माँ से बोला, "नानीजी नमस्ते", माँ बोलीं जीते रहो, खुश रहो, फिर बोली 'कैसे हो?' उसने कहा, "अच्छा हूँ नानीजी" "चलो बड़ी अच्छी बात है, यहाँ तुम्हारा मन लग रहा है?" "हाँ-हाँ नानीजी", "चलो बड़ी अच्छी बात है" मेरी माँ फिर कुछ सोचकर बोलीं, "कहाँ गए थे?" वह बोला, "नानीजी मेरी बुआ (वही सरला, कमला बहनजी की श्यामवर्णी बहन) गुजर गई हैं वहीं गया था।" तत्काल अम्मा के मुँह से निकल पड़ा, "चलो बड़ी अच्छी बात है।" इतना सुनते ही सन्नाटा मार गया, सब हक्के-बक्के से एक-दूसरे का मुँह ताकने लगे- अम्मा सकपका गईं। जब बात उनकी समझ में आई तो उनके हाव-भाव देख सब हँस-हँसकर लोट-पोट हो गए। गमगीन कमला बहनजी भी हँस पड़ी। तब से चलो 'बड़ी अच्छी बात है' हमारे घर का तकिया कलाम ही बन गया। जब किसी को कोई उत्तर न सूझे तो बस, "चलो बड़ी अच्छी बात है" कहकर बात खत्म। ऐसी जगह थी कमला बुआ का घर

अपने पति के देहांत के बाद मेरा बहुत दिनों तक मद्रास जाना नहीं हुआ। एक दिन सुना, कमला बुआजी नहीं रहीं। न हारी, न बीमारी, न कुछ कहा, न सुना, बस सीधे चल पड़ीं। अंत समय में कैसी-कैसी तो यम यातना लोग भोगते हैं। पर कुछ नहीं, जरा छाती में दर्द उठा, फौरन अस्पताल ले दौड़े। पर कुछ करने का अवसर ही नहीं दिया और चल दी अपने गंतव्य को। तिरुपति भगवान् को ठेंगा दिखानेवाली ने यमराज को भी ठेंगा दिखा दिया। शाम से ढोल-ढमाकों के बीच अपने पति और पुत्रों के कंधे चढ़ शान से बिदा हो गई। दीन-दुनिया से बेखबर जैसे कह रही हों, "मैं तो चली अपने देश।" मेरी आँखें नम हो गईं।

कुछ दिनों बाद ही मेरा मद्रास जाना हुआ। शोक प्रकट करने पहुँची तो

मेरा कलेजा धक् से रह गया। जो घर सदा हँसी–खुशी से गुंजायमान रहता था, खामोश पड़ा था। पुरानी कही बात समझ में आई कि किसी–किसी प्राणी का वजूद बड़ा वजनदार होता है। क्या कमला बहनजी ऐसी ही थीं? उनके बिना सबकुछ सुनसान पड़ा था। उनके पति को देख तो मैं अचंभित ही रह गई। वे, वे न थे। पीले बीमार और गमगीन। ढेरों दवाइयाँ रखी थीं। मुझे देख मुसकराने की चेष्टा में उनकी आँखें भर आईं। बिन बोले ही उन आँखों का दर्द मेरे हृदय में उतर आया। आश्चर्य! छह महीने के अंदर वह भी बिछड़े क्रौंच की तरह उड़ गए।

एकला चोलो, एकला चोलो, एकला चोलो रे भाई का मंत्र उनसे नहीं सधा। उनकी बैसाखी टूट चुकी थी। प्रेमरस में भीगा दांपत्य और ममता से ओत–प्रोत परिवार की मीठी–मीठी यादों में मैं खो गई, उन आमों की भरी टोकरी को देख।

□

साधकजी

यह बात छोटी सी और पुरानी होने पर भी जब याद आती है तो मन को गुदगुदा जाती है।

गरमी की छुट्टियों में हमारा घर बाल-बच्चों और नाते-रिश्तेदारी से भर जाता था। मेरे बच्चे बोर्डिंग से आ जाते थे। मेरी ननदें अपने बच्चों के साथ आ जातीं और आए-गए लगे ही रहते थे। घर गजर-मजर करने लगता था। बच्चों की तो खूब ही धमाल-चौकड़ी मची रहती थी। अपने-अपने ग्रुपों में तरह-तरह के खेल-कूद और शरारतें करते रहते। हम समवयस्क देवरानी, जेठानी और ननदों की खूब जमती। हमारे पतिदेव तरह-तरह के व्यंजनों के प्रयोग भी इन्हीं दिनों करते। सबों को खूब खिलाते-पिलाते रहते। यह उनका प्राकृतिक शौक था। मेरे सास-ससुर भी हम सब बच्चों के साथ खूब सहयोग करते। गरज यह कि घर में उन दिनों धूम मची रहती।

ऐसे ही दिनों में एक मेहमान आए, नाम था, साधकजी। यथा नाम तथा स्वरूप था उनका। खूब गोरे चिट्टे, ऊँची कद-काठी और वेश संन्यासियों का। सर घुटा हुआ। साधना और संयम से उनका गोरा-गोरा चेहरा लाल-लाल चमकता रहता। गेरुआ वस्त्र उन पर खूब ही फबते थे। वे पैरों में लकड़ी के खड़ाऊँ पहनते थे। आते तो हम लोग खड़ाऊँ की आवाज से जान लेते कि साधकजी आ रहे हैं और हम सब सावधान हो जाते। अवस्था इतनी अधिक होने पर भी इतने लगते नहीं थे।

इनके पिछले जीवन की कहानी कुछ इस तरह थी कि ये मेरे ददिया ससुर के जमाने में हमारी फैक्टरी में ऊँचे पद पर आसीन रहे थे। मेरे ससुरजी के हमउम्र होने के कारण मेरे पति, बड़ी ननदें और परिवार के बड़े लोग इनसे खूब

परिचित थे। सभी बच्चे इन्हें 'ताऊजी' कहते थे। इनके विवाह तो दो हुए पर दोनों पत्नी अल्प समय में ही परलोक गामिनी हो जाने से ये संन्यासी हो गए। संसार से विरक्ति हो गई, नौकरी आदि सब छोड़ दी और साधना में लग गए इसी से इनका नाम 'साधकजी' पड़ गया।

मैं विवाह के बाद जब पहली बार ससुराल आई और सब बुजुर्गों के साथ इनके भी पैर छूने को झुकी थी तो इन्होंने अपने पैर पीछे खींच लिये थे कि वे स्त्रियों से पैर नहीं छुवाते हैं। इसी से इनकी कुछ-कुछ याद मेरे जहन में थी; पर विवाह के बाद मैं तो बिहारवाली फैक्टरी चली आई थी, सो साल में एक-आध बार ही उधर जाना होता था। इस कारण साधकजी से मेरा फिर से मिलना नहीं हो पाया। बाद में पता चला कि साधकजी वर्ष में कभी-कभी एक-एक महीने अपने पुराने मित्रों के आग्रह पर उनके घर रहने चले जाते हैं। सो इस बार मेरे ससुरजी और पतिदेव ने उन्हें अपने यहाँ आमंत्रित किया था। उनके लिए ऊपरवाला गैस्टरूम निश्चित कर दिया गया। मेहमानों की आवभगत की सारी जिम्मेदारी मेरी होती थी। सो उनकी आवश्यकतानुसार मैं उनकी सुविधा का पूरा-पूरा खयाल रखती थी। साधकजी का बड़ा नियमित जीवन था। समय पर सोना, समय पर जागना। समय पर साधना करते। भोजन एकदम सात्त्विक करते। खूब स्वस्थ और चुस्त रहते। मैं उनकी हर जरूरत का पूरा-पूरा ध्यान रखती थी। इससे वे मुझे संतुष्ट और प्रसन्न दिखते थे। एक दिन उन्होंने प्रसन्न होकर सबसे कहा भी कि यह बेटी बड़ी मुंतजिम है। उनके मुख से अपनी प्रशंसा सुन मैं भी बहुत खुश हो उठी थी। वे जमाने और थे। ससुराल में प्रशंसा बड़ी मुश्किल से मिलती थी। उनकी यह बात मुझे अभी तक याद है। मैं और मन लगाकर उनका ध्यान रखने लगी।

साधकजी ने हमारे यहाँ आने पर नियम बनवाया कि रोज सुबह हवन किया जाएगा और उसमें सभी बड़े-छोटे बैठेंगे। हवन होने लगा, सभी बैठने का प्रयत्न करते। बच्चों की लीला तो न्यारी रहती। कुछ आते, कुछ बहाने बनाकर इधर-उधर भाग जाते। मेरा दस-बारह साल का बड़ा बेटा बड़ा हँसमुख और मनोरंजनप्रिय था। यह अकसर कुछ-न-कुछ शरारतें करता रहता कि हवन के

समय सभी को हँसी आ जाती। साधकजी के डर से सब अपनी-अपनी हँसी रोकने का प्रयत्न करते उसे आँखों-आँखों से बरजते पर वह कब मानता! साधकजी की पीठ के पीछे से उनके घुटे मुँड़े सिर के ऊपर तरह-तरह से हाथ घुमाता, डाँस करता, तो बच्चे खिलखिलाकर हँस पड़ते। बड़े लोग आँख दिखाते। साधकजी की समझ ही में न आता कि पीठ पीछे क्या हो रहा है! हवन निरंतर चलता रहता। वे शाम को नीचे उतरते तो घूमने जाते, मिलने-जुलने आनेवालों से बातें करते और मौका मिलते ही बच्चों को शिक्षा देते।

एक दिन उन्होंने हम लोगों से कहा कि आज शाम को रामायण का सस्वर पाठ किया जाए।

सो शाम का कार्यक्रम तय हो गया। हमारे बँगले में बाहर की तरफ एक बड़ा-सा कमरा था। एक पियानो रहता था और एक तरफ बड़ा-सा गद्देदार तख्त बिछा रहता था। वहीं हारमोनियम, तबला आदि वाद्य यंत्र रखे रहते थे। इसी कमरे में संगीत की महफिल सजती थी। इस कमरे का नाम ही 'पियानोवाला कमरा' पड़ गया था। कार्यक्रमानुसार शाम को नाश्ते-पानी से फारिग हो, सब बच्चे बड़े उस कमरे में इकट्ठे हो गए। छुट्टियों में घर में ज्यादा लोग होने के कारण शाम को ओखे बाबू की दुकान से रसगुल्ले, समोसे, खूब ही आते थे। और सारे बच्चे और बड़े लोग बहुत शौक से खाते थे, पर साधकजी कभी नहीं खाते थे। कहने पर भी नहीं खाते थे। आज लगता था कि साधकजी को भूख लगी थी और उन्हें समोसे खाने की ही इच्छा हो रही थी, पर संकोचवश वे कह नहीं पा रहे थे। खैर, कमरे में सब इकट्ठे हो गए और गाने-बजाने का कार्यक्रम प्रारंभ हो गया। भजन आदि खूब सुंदर-सुंदर गाए पर रामायण की धुन किसी से नहीं बन पाई। संगीत में पारंगत हमारे पति महोदय और ननदें भी उस दिन रामायण की प्रचलित धुन नहीं बना पाए। आखिर बोर होकर बच्चे धीरे-धीरे बाहर खिसकने लगे। सभा जम ही नहीं रही थी, उधर साधकजी के पेट में समोसों की भूख जोर मार रही थी। पर संकोच के कारण एक बार भी उन्होंने नहीं कहा कि भाई आज हमें भूख लगी है, कुछ खाने को मँगाओ। अब बच्चों को भागते और सभा उखड़ते देख वे बोले, "अरे बच्चों

के लिए समोसे मँगाओ, कुछ उनको खाने को मँगाओ।" पर ये सब तो पहले से ही रसगुल्ले समोसे भरपेट उड़ा चुके थे। थोड़ी देर बाद फिर उन्होंने कहा कि अरे भाई बच्चों को समोसे मँगाओ। इस प्रकार कई बार उनके मुँह से समोसे की फरमाइश सुन हमारे पतिदेव का माथा ठनका। उन्होंने सोचा, आज क्या बात है, जो ताऊजी बार-बार समोसा मँगाने की कह रहे हैं? वे समझ गए कि हो न हो, आज ताऊजी का मन समोसा पर है। उन्होंने झट नौकर को आवाज दी और पाँच मिनट ही में समोसों से भरी प्लेट सामने आ गई। फौरन भरी प्लेट साधकजी के आगे कर बोले "ताऊजी आज तो आप समोसे खाइए।" वे न न करते रहे, पहले तुम लो, बच्चों को दो करते रह गए। पति देव नहीं, ताऊजी पहले आप खाइए तो सही, कहते-कहते सजी प्लेट ताऊजी के सामने कर सारे समोसे आग्रह कर करके ताऊजी को खिला दिए। तृप्ति से स्वाद ले-लेकर ताऊजी ने खूब समोसे खाए और हमारे पतिदेव देख-देखकर खूब तृप्त होते गए। इस बीच हम सब लोग अंदर आँगन में आकर गप्पें लगाने लगे। सभा विसर्जित हो गई। थोड़ी देर में, हम क्या देखते हैं कि हमारे पतिदेव हँसते हुए अंदर आ रहे हैं और आते ही बोले, "तुम लोग वज्र मूर्ख हो, समझते ही नहीं कि ताऊजी आज भूखे थे।" उन्हें समोसे खाने की बड़ी इच्छा थी, इसीलिए बार-बार बच्चों के ऊपर धरकर बार-बार समोसे-समोसे कर रहे थे। इस पर हम लोग भी हँसने लगे और अविश्वास करने लगे तो वे फिर बोले, "अरे तुम इतना भी नहीं समझती कि जब कोई मेहमान भूखा हो और माँगने में झिझकता हो तो ऐसे ही तो करेगा।" सब लोग ठठाकर हँस पड़े। मेरी सास भी मंद-मंद मुसकराने लगीं। मेरा बेटा तो कितने दिनों तक इस बात को यादकर करके हँसता और हँसाता रहा। उस दिन इतना हँसे कि सबों के पेटों में बल पड़ गए।

कहते हैं साधकजी का देहावसान समाधि अवस्था में बैठे-बैठे ही हो गया था। ऐसी मृत्यु ऋषि-मुनियों को ही प्राप्त होती है।

ऐसी खट्टी-मीठी यादें ही तो अपने भूले-बिसरों को दो पल याद कराकर जीवन में कुछ रंग भर देती हैं।

□

भगतजी

विवाह के बाद जब मैं ससुराल आई तो यहाँ एक ताऊजी थे। अब घर में मेरे आने के कारण वे यदा-कदा ही अंदर आते थे। घर में सब बच्चे उन्हें 'ताऊजी' कहते थे, पर फैक्टरी में और बाहर लोग उन्हें 'भगतजी' कहते थे। पहले तो वे बेफिक्री से घर में चले आते थे पर अब मेरे कारण वे गैलरी से ही किसी-न-किसी बच्चे का नाम लेकर आवाज देते आते थे, जिससे बहू सावधान हो जाए। परदे का जमाना था। बुजुर्ग इसी प्रकार घर में घुसने पर बिगुल बजाते आते थे। उन्हीं में भगतजी थे।

भगतजी नाम से किसी की भी कल्पना ऐसे मनुष्य की होगी, जो पंडितनुमा वेशभूषा में हो। साफ शुद्ध वस्त्र पहने, चमकता चेहरा, ललाट पर चंदन और गले में माला आदि डाले हुए जैसे साधारणतया भगत और साधु लोग रहते हैं। पर जब मैंने भगतजी को देखा तो मुझे हँसी आ गई। मैं सोचने लगी ये कैसे भगतजी हैं? इनके तो कोई लक्षण भगत जैसे नहीं हैं, सिवा माथे पर चंदन के टीके के। मेरे हिसाब से उनका हुलिया इस प्रकार था। सामान्य सी कद-काठी और आबनूस जैसा काला रंग, जिस पर पान तंबाकू से रँगे काले-काले दाँत और होंठ, उन पर बिखरी हुई बड़ी-बड़ी काली-सफेद मूँछें। सदा भाँग का नशा करने से लाल-लाल आँखें। सिर पर खिचड़ी हुए छोटे-छोटे बाल, ऊपर से मलमल की दुपल्ली टोपी। शरीर पर खद्दर का कुरता और घुटनों से कुछ नीचे तक बँधी अधमैली-सी धोती। पैरों में कुछ नहीं पहनते देखा मैंने। यही वेशभूषा थी भगतजी की। उन्हें देखकर मैंने हँसकर अपनी ननद और पतिदेव से पूछा कि ये कैसे भगतजी हैं? तो वे लोग भी हँसने

लगे और बोले, माताजी से पूछो। हम तो शुरू से इन्हें ऐसे ही देखते आए हैं। तब शोध करने पर जो दिलचस्प तथ्य मेरे हाथ लगे, वे इस प्रकार हैं। भगतजी का असली नाम लक्ष्मनदास था। यह जिला मुरादाबाद के पास के किसी कस्बे के रहनेवाले थे। बचपन ही में इनके ताऊजी ने इन्हें गोद ले लिया था। ताऊजी के अपनी संतान तो थी नहीं और थे भी मालदार, सो उन्होंने भगतजी को बहुत लाड़-प्यार और नाज-नखरों से पाला था। उन दिनों भगतजी के बड़े निराले ठाठ-वाट थे। खूब ठसके के साथ रहते थे। रोज धुले हुए कलफ लगे सफेद बुर्राक कुरता-धोती पहनते। जरा-सी गड़बड़ी होने पर तुनतुना जाते। तर माल खाते, पान तंबाकू चबाते और ताऊजी के माल पर ऐश करते। काम-धाम कुछ करना नहीं होता था। मजे से जिंदगी कट रही थी। फिर यहीं की एक खाते पीते घर और सात सात भाइयों की गोरी-चिट्टी बहन से भगतजी की शादी हो गई। दिन मजे से गुजरने लगे।

अचानक हुआ क्या कि भगतजी के ताऊजी भगवान् को प्यारे हो गए। कुछ दिनों तक तो सब ऐश आराम, ठाठ-बाट चलते रहे, पर भगतजी ने तो कभी कोई काम-धंधा किया नहीं था, सो कब तक ऐसे चलता, बूँद-बूँद से तो कुँआ भी खाली हो जाता है, सो होने लगा। उनकी पत्नी, जो अब भगतानी कहलाती है, सिर से पैर तक सोने से लदी थी। ताऊजी ने बड़े उल्लास के साथ जेवर गढ़ाए थे। कौन सा जेवर था, जो उनको नहीं दिया गया। झूमर, काँटे, झाले, गुलबंद (सीतारामी) हँसुली तिलड़ी, चंपाकली, बाजूबंद, दूये, कंगन, दस्ताने, आरसी मुदरी, छल्ले, करधनी और न जाने कितने जेवर ससुर ने जड़ा कर दिए थे। घुटनों तक चाँदी का बोझ भगतानी से उठाए न उठता था। पर ताऊजी की मृत्यु के बाद भगतजी को चाँद-तारे नजर आने लगे। बुरे दिन आ गए। भगतजी क्या करते, एक-एक चीज भगतानी की औने-पौने बेचने लगे। भगतानी रोती-झींकती, लड़ती, झगड़ती पर भगतजी पर कोई असर ही न होता। जुआ खेलने की लत तो उन्हें पहले ही से थी। शाम को बादाम और भाँग की घुटी हुई ठंडाई पीना उनका रोज का आलम था। अब इस सबके लिए रुपया कहाँ से आता? कुछ ही दिनों में कंगाली के कगार

पर पहुँच गए। वह तो पत्नी का मायका वहाँ था, सो बेचारी किसी तरह काम चला लेती। पर ऐसा कब तक चलता? घर में रोज महाभारत मचने लगा। सभी हितैषियों ने भगतजी को सुधारने की कोशिश की, पर वहाँ तो वही ढाक के तीन पात ही रहे। रोज की चख-चख से तंग आकर एक दिन भगतजी घर से ही भाग गए। पत्नी बेचारी रोती ही रह गई। बहुतेरी खोजबीन हुई पर भगतजी नहीं मिले। बाद में यह भी बात उड़ी कि वे डाकुओं के गिरोह में जा मिले और लक्ष्मना डाकू बन गए। भगतानी रो-झींककर बैठ गई। क्या करती? पर भगतजी से तो डाकूगिरी भी नहीं हुई और एक दिन वे घर लौट आए। तब भगतानी, मेरी दादी सास और दादा ससुर के पास आकर रोने लगी। वे गाँव नाते से उन्हें बेटी मानते थे। भगतानी रोकर बोली, "मामाजी, आप ही अब कुछ करो तभी नैय्या पार लगेगी।" तब दादीजी ने भगतजी को अपनी आटा चक्की पर लगवा दिया। भगतजी रोज शाम को दादीजी को हिसाब-पुस्तक देने लगे और आज्ञाकारी बालक की भाँति रहने लगे। वे दादीजी और दादाजी से बहुत डरते थे। न जाने कैसे वे डाका डालते होंगे?

अभी तक भगतजी के कोई संतान नहीं हुई थी। अब भगतानी को पहला पुत्र हुआ। पर होते ही उसकी मृत्यु हो गई। फिर दूसरा भी पुत्र हुआ और वह भी काल-कलवित हो गया। इस प्रकार कई बच्चे हुए और शीघ्र ही मृत्यु के मुख में समाते गए। इससे भगतजी और भगतानी दोनों ही शोक से विक्षिप्त हो गए। भगतजी के दुःख का पारावार न रहा और उन्होंने भगवान् के सामने प्रतिज्ञा की कि हे भगवान्, जब तक आप मेरी एक भी संतान को जीवनदान नहीं दोगे, मैं जूते नहीं पहनूँगा और उसी दिन से उन्होंने जूते का परित्याग कर दिया। कहाँ तो जुआ खेलते, भाँग छानते, डाका डालते, अब वे पूरी तरह भक्ति में डूब गए। चाहे जेठ, बैसाख की तपती गरमी हो, चाहे पूस माह के चिल्ला जाड़े, वे पैरों में कुछ न पहनते। नंगे पैरों ही तीर्थों की यात्रा पर निकल जाते। संतान के लिए उन्होंने बड़ी तपस्या की। पूरे भगत बन गए। लंबे उपवास करते और भूखे-प्यासे भक्ति में लगे रहते। इस प्रकार उनका नाम 'भगतजी' पड़ गया। कालांतर में, प्रभु दया से उनके तीन पुत्र और दो पुत्रियाँ हुए और दीर्घ आयु भी हुए।

सन् चालीस में मेरे ससुरजी ने कांद्रा (बिहार) में शीशे का नया कारखाना लगाया। प्रारंभ में बहुत सारे सीखे हुए लोग साथ आए तो भगतजी मेरे ससुरजी से बोले, "अन्नाजी मैं ऊँ आपके साथ चलुगो।" उनकी पत्नी मेरे ससुर को भाई और सास को भाभी मानती थी। वे बोलीं "भाभी, हमें भी साथ ले चलो। आपके बिना यहाँ हमारा मन नहीं लगेगा।" मेरे ससुरजी ने भी सोचा कि चलो नई जगह है, वह भी निपट जंगल, सो मेरी सास की कंपनी भी हो जाएगी। इस तरह भगतजी अपने परिवार के साथ आ गए। प्रारंभ में तो सब लोग खोली में या तंबुओं में ही रहे, फिर जैसे-जैसे क्वार्टर बनने लगे तो भगतजी को अच्छा बड़ा क्वार्टर मिल गया। चार बच्चे भी थे। जब मेरा विवाह हुआ, तभी उनके बड़े लड़के राधे का भी विवाह हुआ था। खूब गोरी-चिट्टी आज्ञाकारिणी बहू आई। भगतानी का घर में पूरा राज चलता था। वे घर को खूब बाँधकर रखती थीं। भगतजी भी तत्परता से फैक्टरी के काम में लगे रहते। आनंद से उनकी जिंदगी बँधी-बधाई लीक पर चलने लगी।

कारखाना सन् चालीस से शुरू हुआ था। उस समय मेरे पति तेरह-चौदह वर्ष के थे। आदत से अत्यंत नटखट और खिलाड़ी। छुट्टियों में बनारस से पहली-दूसरी बार जब आए थे। तब फैक्टरी बन ही रही थी। चारों तरफ राज मजदूरों का काम चलता रहता था। भगतजी भी कुछ-न-कुछ काम देखभाल का ही करते रहते थे। कहीं खुदाई हो रही होती, कहीं चिनाई, कहीं लोहे के शेड बन रहे होते तो कहीं चिमनी चढ़ाई जाती होती। ऐसे में मेरे पति दिन में कितने ही चक्कर वहाँ के लगाते रहते। नटखट तो थे ही, कभी गड्ढों में उतर जाते तो कभा दीवार फाँदते। कहीं बैल्डिंग हो रही होती तो कहीं बिजली के तारों का जाल बिछा रहता, उनमें उलझते-उलझते निकल जाते और कुछ न होता तो पेड़ों पर ही चढ़ जाते। भगतजी यह सब देखते तो दूर ही से हाँक लगाते, "अरे बेटा का कर रहे हो? इतै कूँ आ। अरे गिर पड़ोगे भैय्या तो चोंट फेंट लग जाएगी", पर बेटा पर तो कोई असर ही न होता। वे चिल्लाते ही रह जाते। बहुतेरी चिरौरी करने फिर भी कुछ असर न होता तो फिर गुस्सा कर कहते, "अच्छा तो तू न मानेगो? अभाल जाए रहयो हूँ अन्नाजी के पास

तेरी सिकायत करबे कूँ। काऊँ दिना हाथ-पैर टूट जाँगे, तब मालूम पड़ेगी।" फिर भी वे अपनी हरकतों से बाज न आते। तब भगतजी हारकर अकसर मेरे ससुरजी से उनकी शिकायत करने पहुँच जाते। "देखो अन्नाजी या प्रैम कूँ नैक समझाओ, फैक्टरी में काऊँ दिन चोट फैंट लग जाएगी। मेरी तो जे सुनै नायें", तब पिताजी ऊपर ऊपर से घुड़कते पर अंदर-ही-अंदर खुश भी होते थे कि बेटा अभी से चुस्त है। मंद नहीं है। इस प्रकार मेरे पति से भगतजी की आए दिन झौर-झपट होती रहती।

सन् चालीस से प्रोडक्शन शुरू हो गया था। छुट्टियों में पतिदेव आते ही रहते थे। अब कुछ बड़े भी हो गए थे, पर भगतजी से उनकी आँख-मिचौली और पैंतरेबाजी होती ही रहती थी। फैक्टरी में टॉप फ्लोर से ग्राउंड फ्लोर तक ग्लास शीट उतारने के लिए एक चारों ओर से खुली हुई बड़ी-सी लिफ्ट थी। उसी पर शीट से लदे हुए अड्डे रखकर नीचे उतारे जाते थे। एक दिन भगतजी ने फिर किसी शरारत की शिकायत कर दी और डाँट भी पड़वा दी। तब हमारे पति देव ने भगतजी से बदला लेने की ठानी। सो एक दिन बड़े प्यार से वे भगतजी से बोले, "ताऊजी आप कभी लिफ्ट से ऊपर गए हैं ?" ताऊजी बोले, "न भैय्या मोकू कोई काम न पड़ो वामे जावे को", "अच्छा आज चलिए मैं आपको लिफ्ट की सैर कराता हूँ।" पतिदेव मन-ही-मन अपनी योजना से पुलकित होते हुए बोले। भगतजी न ना करते ही रह गए पर उनकी जिद के आगे भगतजी की एक न चली। उन्होंने भगतजी को लिफ्ट में चढ़ाकर लिफ्ट ऑन कर दी। भगतजी बोले, "तू न आएगो ?" तो वे मुसकराकर बोले, "अरे आपको मैं ही तो फिर नीचे उतारूँगा। आप देखिए कितना मजा आएगा" भगतजी धीरे-धीरे ऊपर सरकती लिफ्ट में कुछ डरे से, कुछ बच्चों जैसी खुशी से ऊपर चले जा रहे थे। जब ऊपर पहुँच गए तो कुछ देर बाद ऊपर टॉप मशीन के ऑपरेटरों ने आवाज दी कि लिफ्ट नीचे कीजिए तो पतिदेव ने फिर स्विच आन कर दिया और लिफ्ट धीरे-धीरे नीचे उतरने लगी। अब जो ताऊजी को मजा चखाने का प्लान था, उसके अनुसार उन्होंने बीच में लिफ्ट रोक दी। अब तो भगतजी बीच में लटक गए। एक तो चारों तरफ चिलचिलाती फर्नेस

की गरमी, ऊपर से नंगे पैर, लोहे की गरम गर्म प्लेट पर अब भगतजी के पैर जलने लगे। थोड़ी देर तो देखते और सहते रहे फिर चिल्लाकर बोले, "अरे भैय्या जे का हैगो, जल्दी मो कूँ नीचे उतार, मेरे पैर जरे जा रहे हैं।" पतिदेव बोले, "आप यहीं टँगे रहिए। आप पिताजी से रोज मेरी शिकायत करते हैं न और करिए।" बेचारे भगतजी से न खड़ा हुआ जा रहा था और न कुछ करते बन रहा था। गरमी और पैर जलने से घबड़ाकर गिड़गिड़ाने लगे, "अरे बेटा तेरे हाथ जाड़ूँ, पैर पूजूँ, अब कबू न शिकायत करूँगो तेरी, मोकू जल्दी नीचे उतार, मैं तो मरो जा रहयो हूँ भैय्या," बेटा बोले, "करी तो?", "न भैय्या अब करूँ तो जो चोर की सजा" और कान पकड़कर गिड़गिड़ाने लगे "अरे जल्दी जा लिफ्ट कू नीचे कर।" जो वर्कस इधर-उधर काम कर रहे थे। काम छोड़कर इस तमाशे में शरीक हो गए। अजीब मजा किया, समाँ बँध गया। बड़ी मुश्किल से भगतजी की जान छूटी। ऐसे थे, तब के रिश्ते-नाते! खट्टे-मीठे। अब कहाँ यह सब देखने को मिलता है। दुनिया ही बदल गई। कितने दिनों तक इस वाकये को याद कर करके लोग हँसते-हँसाते रहे।

दिन बीतते गए। भगतजी के बच्चे बड़े हो गए। एक का ब्याह भी हो गया और काम पर भी लग गया। भगतजी की दिनचर्या यथावत् चल रही थी। दंड पेलना और शाम को बादाम और भाँग की ठंडाई छानना बदस्तूर चलता था। पान तंबाकू खूब चबाते थे। उनकी पत्नी भगतानी जवानी में खूब परेशान होने पर भी इस ढलती अवस्था में भी भगतजी की खूब सेवा-सुश्रषा करती थीं। किसी को कुछ मिले, न मिले, भगतजी को भाँग के साथ बादामों का जुगाड़ अवश्य रखती थी। उनके पैरों में तेल मालिश अपने हाथों से करतीं। कहती नहीं करूँगी तो ये कैसे काम करेंगे? अभी सारी गृहस्थी कच्ची है। भगतजी भी भगतानी पर जान छिड़कते, पूरा मान-सम्मान देते। घर में पूरा रुआब-दुआब भगतानी का रखाते। बड़ी परेशानियाँ पार करके आज यह दिन आया था कि घर में बरकत और सुख-शांति, सुंदर सी बेटे की बहू आई थी। इसमें भगतानी का भी बड़ा योगदान था। भगतानी का नाम डरो या डरिया था, भगतजी उन्हें इसी नाम से पुकारते थे। भगतानी रोज नियम से हमारे बँगले का

एक चक्कर लगा जाती थीं और हँस बोल भी जातीं, सलाह दे जातीं, कुछ काम होता तो कर जातीं। आदमी भी कम ही थे। उनसे हम सब का मन खूब लगता था। अच्छे स्वभाव की थीं। खास बात उनके स्वभाव की यह थी कि एक सेकंड में भावुक हो उठती थीं। बात करते-करते उनका गला भर आना आम बात थीं। इस पर हम लोगों को कभी-कभी हँसी भी आ जाती थी। तो वे भी हँस पड़ती थीं। मेरी सासजी को तीज-त्योहारों की जानकारी वे ही देती थीं। रस्म-रिवाज सब बताती थीं। खूब अपनापन था। मुझे तो बहुत ही लाड़-लड़ाती थें। मेरी सोच नए जमाने की थी और वे एकदम गँवई गाँव की स्त्री थीं, पर उनके साथ मुझे बहुत अच्छा लगता था। वे कभी किसी की चुगली करना या इधर की उधर लगाना या राजनीति करने जैसा काम कभी न करती थीं। इसी से उनके घर में परम शांति रहती थी। भगतानी को आते देख हम सबों के चेहरे खिल उठते। खूब कहानी-किस्से सुनते उनसे।

जीवन अपनी रफ्तार से चल रहा था आराम से, पर भगतजी की जुए की लत उनका पीछा नहीं छोड़ती थी। एक रुपया, दस रुपया, जो कुछ मिल जाता, पत्नी की आँख बचाकर जुआ खेलने खिसक जाते और जुआ भी किसके साथ खेलते? सफाई करनेवाले अपने गाँव से आए जमादार के साथ। सब एक-दूसरे को पहले से ही जानते थे। उन्हें यह भी पता था कि भगतजी कच्चे खिलाड़ी थे। वास्तव में, भगतजी को जुआ खेलना आता ही न था। वह तो लत के गुलाम हो गए थे। तीन पत्ती खेलते, दाँव पर दाँव बिना सोचे-समझे लगाते रहते। दूसरे खिलाड़ी इन्हें चालाकी से हराते जाते, ये जीत की आशा में और दाँव लगाते, फिर हारते तो दूने जोश से फिर दाव लगाते, और हार-हारकर भी जीत की आशा में खेलते जाते। कभी-कभी जीत भी जाते तो उसे भी हारकर आ जाते। इससे भगतानी के साथ अंदर-अंदर झगड़ा चलता रहता। वे बेचारी माथा पकड़कर बैठ जाती, कहतीं "अब का समझैंगे" पर भगतजी अंदर-अंदर भगतानी से डरते भी बहुत थे और खेलते भी छिपकर ही थे। अब जो खास दिलचस्प घटना लिखने जा रही हूँ, उससे आपका भी मनोरंजन होगा, ऐसा मैं सोचती हूँ।

एक बार दीपावली की बात है। भगतजी का जुए का सीजन चल रहा था। बदकिस्मती से भगतजी बोनस में मिली पाँच सौ की रकम हार गए। उस समय इतनी रकम छोटी-मोटी नहीं होती थी उतने रुपए एक साथ हार जाने से भगतजी के पैरों तले से धरती निकल गई। डर के मारे उनका बुरा हाल हो गया और भगतानी के डर से घर भी नहीं गए। बात उड़ते-उड़ते उनके घर पहुँची और भगतजी को भी समझ हो गई कि अब उनकी खैर नहीं है, सो वे कहीं दुबककर बैठ गए। छोटी सी तो जगह थी. कब तक दुबके बैठे रहते? भगतानी ढूँढते-ढूँढते वहीं जा पहुँची, जहाँ वे दुबके बैठे थे। भगतानी की आवाज सुनते ही ये तीर की तरह वहाँ से भाग छूटे। अब ये आगे-आगे, पत्नी पीछे-पीछे पकड़ने के लिए दौड़ने लगी। लेकिन कहाँ पतली-दुबली बूढ़ी भगतानी और कहाँ रोज बादाम उड़ानेवाले भगतजी! क्या वे पकड़ पातीं? भागते-भागते भगतजी सटे हुए स्टेशन की तरफ दौड़ पड़े। स्टेशन चार कदम के फासले पर ही था। सो आव देखा, न ताव, वे न जाने वहाँ खड़े किस डिब्बे में चढ़कर अंतर्धान हो गए। भगतानी ने डिब्बे में चढ़ते तो नहीं देखा, पर जब कहीं दिखाई नहीं दिए तो हारकर लौट पड़ी कि जब भूख लगेगी तो लौटेंगे ही। पर भगतजी नहीं लौटे। दिन-पर-दिन बीतने लगे, पर उनका कोई अता पता नहीं मिला। घर में मुर्दनी छा गई। भगतानी अपने को कोसती कि न मैं दौड़ती, न वे भागते। न खाती, न पीती। सभी से पूछती रहती तुमने देखा है कहीं? तुमने देखा है कहीं भैय्या? कहीं किसी ने देखा होता तो कोई बताता भी। इनाम बोला गया कि जो कोई खबर लाएगा. उसे इनाम देंगे। किसी ने कहा भगतानी चाची, उल्टी चक्की चलाओ, पर भगतजी न लौटे और न ही उनका कोई सुराग मिला। सब धीरज बँधाते कि "शांति रखो, वो कहीं नहीं जाएँगे, एक दिन जरूर घर आ जाएँगे।" इसी आशा में रोते-झींकते दिन बीतने लगे। कार्तिक मास से सावन का महीना आ गया यानी नौ महीने बीतने को आए, पर भगतजी तो जैसे लोप ही हो गए। घर-परिवार पर कैसी बीत रही होगी, जैसे इसकी सुध ही उन्हें बिसरा गई। अचानक एक दिन आसनसोल की तरफ से आए किसी आदमी ने सूचना दी कि इस तरह का एक आदमी

उसने आसनसोल में देखा है। इतना सुनते ही भगतजी के घर में आशा की लहर दौड़ पड़ी। जैसे मरे में जान फूँक गई हो। अब तो जोर-शोर से ढूँढ़ने के प्लान शुरू हो गए। उस आदमी को लेकर कई आदमी आसनसोल दौड़े, लेकिन बहुत सावधानी से, बिना आहट किए कि सचमुच भगतजी ही निकले तो सबों को देखकर फिर न छूट भागें। खोजते-खोजते वे लोग आसनसोल की सब्जी-मंडी पहुँचे तो दूर से उन्होंने देखा कि सचमुच भगतजी ही हैं। सब्जी बेचनेवाले एक परिवार के बीच बैठे सब्जी बेच रहे हैं। बस इन लोगों ने एक साथ धावा बोल दिया। सब्जीवाले बँगाली थे, बोले, "ओरे ओरे की कोरता है? भाई ई तो आमार चाचा होवे" अब तक भगतजी भी सबों को पहचान चुके थे और एक साथ इतने बड़े धावे से वे कुछ न बोल पाए, न ही कुछ कर सके, पकड़ई में आ ही गए। कहते भी क्या? अपने किए पर तो पहले से ही शर्मिंदा थे। लोगों ने तरकारीवालों को सारी कथा बताई। भगतजी वहाँ 'चाचा' बनकर मशहूर हो गए थे। सबके प्यारे चाचा इतने दिनों में घुल-मिलकर उनके बुजुर्गों जैसे प्यारे हो गए थे। तरकारीवालों को जब पता चला कि चाचा तो अच्छे भले घर के हैं तो वे बेचारे अपने को लघु से भी लघु महसूस करने लगे। पल ही भर में समाचार सब्जी-मंडी में बेतार के तार की तेजी से फैल गया। भीड़ इकट्ठी हो गई। जब भगतजी वहाँ से विदा होने लगे तो जैसे रामजी आयोध्या छोड़कर जा रहे हों, ऐसा दृश्य पैदा हो गया। प्रेम की धारा बहने लगी। आमों का मौसम था ही, सो कई बोरे चुसनी आमों के ओर सब्जियों के जबरदस्ती साथ लाद दिए। 'चाचा भूलना मत, आते रहना, गलती माफ करना।' भगतजी की आँखों से आँसू बहने लगे। अपने अँगोछे से आँखें पौंछते हुए उन्होंने भावभीनी विदाई ली और सबों के संरक्षण में फिर घर वापस लौट आए।

भगतजी नौ महीने बाद लौटे थे। अच्छी-खासी लंबी अवधि। चारों तरफ आग की तरह खबर फैल गई। लोग उन्हें देखने के लिए दौड़ पड़े। जिधर देखो अरे भगतजी आ गए, भगतजी आ गए! जिसको देखो, उनके क्वाटर की तरफ लपकता आ रहा है। वातावरण में उल्लास छा गया। भोली सी भगतानी

और बाल-बच्चों में जीवन लौट आया। हमारे बँगले में भी शुभ समाचार पहुँचा। सुनकर सभी हँसने मुसकराने लगे, अपनी-अपनी तरह कहने-सुनने लगे। आखिर चलो आ ही गए। बड़ा तंग किया। इतने में देखा कि नई फूली-फली गुलाबी रंग की साड़ी पहने हँसती-मुसकराती और शरमाती हुई भगतानी चली आ रही है। साथ में बोरी भरकर चुसनी आमों की एक-दो बाल्टी हाथों में लटकाए बच्चे चले आ रहे हैं। जो खुशी उस समय भगतानी के चेहरे पर देखी वह, मैं लिखकर व्यक्त करने में असमर्थ हूँ। भावुकता से आँखें बहने लगीं, गला चोक हो गया। इतने लंबे बिछोह का दुःख और फिर मिलन की खुशी उस सरल महिला से सँभाले नहीं सँभल रही थी। फिर उनके बेटे ने सारी कथा सुनाई। हम सब लोग और घर के आधे दर्जन नौकर-चाकर चारों तरफ से उन्हें घेरकर खड़े हो गए। बड़े मनोयोग से कहानी सुनकर हँसी से लोट-पोट हो गए। भगतानी मेरी सास से बोली, "भाभी और आम भेज दूँगी। आसनसोल से भतीजों ने निरे साथ रख दिए हैं।" और फिर खुद ही हँसने लगीं। ऐसे थे भगतजी और उनकी भगतानीजी।

समय की धारा आगे बढ़ती जा रही थी। दोनों का शरीर शिथिल होता जा रहा था। फिर भी मेरे पति कभी-कभी भगतजी को ललकारते कि 'ताऊजी पंजा लड़ाइएगा?' तो तत्काल कहते, 'हाँ, हाँ आ जा आ जा अभी ऐसों बूढ़ो न भयो हूँ। आ जा लड़ा ले' तब ये नवजवान और वे साठ सत्तर के पेटे में दोनों जन पंजा फँसाकर जोर अजमाई करते तो वे कभी पीछे न हठते थे। बाद के दिनों में बँगले में शाम को ताश खेलने के लिए भी भगतजी कभी-कभी बुलाए जाते थे, जब पार्टनर की कभी हो जाती थी। खूब हार-जीत की नोक-झोक होती। कभी-कभी कोई चिढ़ भी जाता था, पर खेल जरूर होता था। मेरे ससुरजी की मृत्यु के बाद मंडली बिखर गई। तब समय काटने के लिए और आमदनी की खातिर भगतजी ने बाजार में एक गुमटी में छोटी से दुकान खोल ली। फैक्टरी से तो रिटायर हो ही गए थे। बच्चों के लिए सस्ती लैमन चूस की गोलियों, रबर, पैंसिल, नीबू का सूखा गोल-आचार सस्ती चप्पलें, यही छोटी-मोटी चीजें बेचते। स्कूल आते-जाते बच्चे लेमन चूस की गोलियाँ और

नीबू का खट्टा अचार स्वाद से चाटते जाते। वैसे भगतजी बँगले पर खोज खबर लेने अवश्य ही आते।

मेरे ससुरजी के देहांत के बाद सारा वातावरण ही रंजोगम में डूब गया था। भगतजी आते तो उनकी आँखों में दुःख और सूनेपन के भाव तैरते रहते, पर कहते कुछ न थे। अपनी पॉकिट में हाथ डालकर मुट्ठी भर टॉफी निकाल मेरे हाथों में चुपचाप भर देते और कहते, 'बच्चन को बाँट दइयो' और धीरे से चले जाते। नीची नजर किए उनके मौन में छिपे अपनत्व के भाव को मैं अच्छी तरह समझती महसूस करती देखती रह जाती। भगतानी की सेहत भी अब कमजोर होती जा रही थी। दमे की मरीज थीं और समय की बड़ी मार झेली हुई थी। फिर भी मेरी सासजी को धीरज बँधाने आती ही रहतीं। अब कभी गाँव चली जाती थीं। पुश्तैनी घर द्वार था। बच्चे भी सब बड़े और बाल-बच्चे वाले हो गए थे। कुछ नाती-पोते शादी-ब्याह लायक भी हो गए थे। तभी बेटे के बेटे का विवाह पक्का हो गया। विवाह गाँव ही में करना था। सब नाते-रिश्तेदार उधर ही थे, सो सारा परिवार भगतजी को छोड़ गाँव के लिए प्रस्थान कर गया। भगतीजी चार दिन बाद पहुँच जाएँगे, ऐसा प्रोग्राम बना था।

जानेवाले दिन सुबह कोई दस ग्यारह बजे बँगले पर आए और बोले, "बहू, मैं जाए रहयो हूँ।" मैं आई और उनके पैर छूए तो हाथ बढ़ाकर आशीर्वाद दिया। इतने में मेरा बड़ा बेटा निकल आया, वह बड़ा आवभगत करनेवाला था, बोला मम्मी, भगतजी को कुछ खिलाइए तो बोले, "अरे मैं अभी कुछ न खाऊँगो, मैं तो तुम सबसे विदा लेने कूँ आए हूँ।" पर मेरा बेटा पीछे ही पड़ गया और बोला, "अच्छा खाइए मत मट्ठा ही पी लीजिए।" तो कुछ सोचकर बोले, "अच्छा तू न माने तो ला एक गिलास लै आ," सो वह मट्ठे में खूब जीरा, नमक, मिर्च डालकर ले गया। भगतजी ने बड़ी तबीयत से पीया और आशीर्वाद देते हुए चल दिए। यही मेरी उनसे अंतिम मुलाकात थी।

दो दिन बाद ही हमारे यहाँ खबर फैल गई कि भगतजी नहीं रहे। मैं तो हक्की-बक्की रह गई, विश्वास ही नहीं हो रहा था। दो दिन पहले भले-चंगे गए हैं। अभी तो घर पहुँचे ही होंगे। क्या हुआ ? तो पता चला कि उनके

पहुँचने के एक दिन पहले ही भगतानी बुखार नें चल बसी थीं। सभी को पता थी कि भगतजी आ ही रहे हैं, तो उनके आने पर ही दाह संस्कार होगा। भगतजी जब गाँव के स्टेशन पर उतरे तो लेने आए लोगों के चेहरे ब्याह-शादी की खुशी से उल्लसित होने के बजाय एकदम गुम-सुम उतरे हुए दिखे। भगतजी बोले, "का बात है ? तुम सबकुछ बोलत क्यों न ओ", फिर भी कोई नहीं बोला तो कुछ तेज आवाज में बोले, "अरे सुनी न का ? चुप क्यों हो सब के सब ?" तब बड़ी मुश्किल से हिम्मत करके किसी ने कहा, "लाला, अम्मा न रही।" पहले तो भगतजी कुछ समझे ही नहीं, पर दूसरे ही क्षण में वह जैसे सबकुछ समझ गए और हाय कहते धम्म से गिर पड़े। वहीं बैठे रह गए। फिर नहीं उठे। किसी प्रकार उठाकर घर लाए गए कुछ ही देर में उनके प्राण-पखेरू उड़ गए। दोनों की अंतयेष्टि एक साथ हुई। ऐसा अनोखा प्रेमपगा दांपत्य जीवन ! एक प्राण-दो शरीर ! दोनों ने अंत तक निभाई। मैं तो भूल ही नहीं पाती हूँ। अब तो दांपत्य जीवन का रूप-रंग, परिभाषा ही बदलती जा रही हैं। ऐसे थे भगतजी !

□

अम्मा

रात के आठ बजे के लगभग मुझे भनक पड़ी कि अम्मा को कुछ हो गया है। बीमार सी तो चल ही रही थीं। मैंने शंकावश उनके घर फोन लगाया। उनकी बहू ने ही फोन उठाया। मेरे पूछने पर कि अम्मा कैसी हैं, उधर से रुआँसी-सी आवाज आई, "आंटी, अम्मा नहीं रही। अभी-अभी डॉक्टर कनफर्म करके गया है।" मेरा जी धक् से रह गया। रोज की साथ उठने-बैठनेवाली मेरी अंतरंग मित्र-सी अम्मा मुझसे बिना मिले ही सदा के लिए चली गईं। दिल्ली जाते वक्त तीन महीने पहले आखिरी बार मिली थी उनसे। विदा के समय बनावटी गुस्से से बोली थीं, "जब जाती है, तीन-तीन महीने में आती है, जा, पर जल्दी आना, भूल न जाना।" उनकी ममता भरी सरल दृष्टि बड़ी अच्छी लगती थी। कल ही मैं यहाँ वापस लौटी और आज वे चल बसीं! मुझे उनसे न मिल पाने का बड़ा ही मलाल हुआ।

आज दूसरा दिन है। अम्मा की अंत्येष्टि होनी है। अम्मा के बहू-बेटे, नाती- पोते जो आ सकते थे, आ गए। बिरादरी के लोग इकट्ठे हो रहे हैं। बहुओं ने प्रथानुसार सफेद कपड़े पहने हुए हैं। कभी न सिर ढँकनेवाली सिर ढाँककर शोकसागर में डूबे चेहरे लिये दौड़-दौड़कर आवश्यक कार्य कर रही हैं। एक सफेद कपड़े पहने और कंधे पर हाथरसी लाल अँगोछा डाले ब्राह्मण आदेश दे-देकर आवश्यक निर्देश दे रहे थे। पर अम्मा इस सब गहमा-गहमी से बेखबर आँखें मूँदे धरती पर शांत चित्त निर्विकार लेटी हुई हैं, जैसे न कोई सुख और न कोई दुःख बचा हो। मैं एक स्थान देखकर बैठ गई। मेरा मन बोला, 'देख लो अम्मा, आप चल दीं न? आप सदा मुझसे पूछती

थीं कि बहन मेरी, मुझे भगवान् क्यों नहीं उठाते? कैसे उठाएगा? आप मृत्यु की यम पीड़ा से कितना डरती थीं? मैं कहती थी न आपसे कि अम्मा आप क्यों डरती हैं? आप ऐसे ही राजी-राजी चली जाएँगी। देख लो उठा लिया न भगवान् ने आपको राजी-राजी! कोई कष्ट हुआ आपको? सब बंधन दुःख के कट गए अम्मा आपके?' आपको याद है न जब मैं आपका गोरा-गोरा, नरम झुर्रियों भरा हाथ-सहलाकर कहती थी अम्मा मैं आपको जाने ही नहीं दूँगी, तो आप कितना हँसती थीं! और कहती थीं, 'मेरी बहन, हर एक को जाना होता है। मुझे भी जाना होगा। पर कब जाऊँगी, कैसे जाऊँगी? भगवान् मुझे उठाते भी नहीं हैं। नब्बे साल की तो हो गई। फिर नब्बे साल की उम्र में अब मजा नहीं रहा। उनकी जुबान पर अकसर ही मुझसे बात करने पर आ जाता था। मैं तब कहती कि अरे अम्मा अभी आपको सौ पूरे करने हैं तो ठठाकर हँस पड़तीं। मैं कहती आराम से रहिए, ऐसी भी क्या जल्दी है? मजे से रहिए, डरिए मत, आप बड़े आराम से चली जाएँगी। तो आपका चेहरा कैसा खिल उठता था! कितनी बार इस बात पर आपने मेरे मुँह में घी-शक्कर देने का वायदा किया था। अब आप मुझे घी-शक्कर खिलाए बिना जा रही हैं। चलिए उठिए दीजिए मेरा घी शक्कर। फिर अपनी बात पर आप ही आप मेरी आँखों में पानी आ गया। जीवन की संध्या बेला में हुई मित्रता के अंतरंग क्षण मेरे मन में उमड़ने-घुमड़ने लगे।

अम्मा की अंतिम यात्रा की तैयारी जैसे-जैसे निकट आती जा रही थी, वातावरण में गहमा-गहमी बढ़ती जा रही थी। परंतु किसी विशिष्ट जन की प्रतीक्षा में होती देर के कारण लोगों में दबी-दबी उकताहट सी नजर आ रही थी। अचानक वे आ गए। वातावरण में रुदन और कोलाहल की लहर सी दौड़ गई। फिर अचानक सब शांत हो गया। अब तेजी से अम्मा के प्रस्थान में लोग जुट गए, जैसे बहुत देर हो गई हो। जितनी जल्दी हो सके, मिट्टी को ठिकाने लगाओ। मैं अंदर-ही-अंदर पिघल उठी। यह कैसी लीला है? कल तक जिसका थोड़ा न बहुत एक सदी का वजूद था, क्या पलभर में मिट्टी हो गया? सब समाप्त हो गया? हाँ, हंस उड़ गया, अपने गंतव्य को और सब

समाप्त हो गया। अब तो इस निर्जीव काया को चाहे जला दो, चाहे गंगा में बहा दो और चाहे धरती के गर्भ में दबा दो। बस 'जल्दी करो, जल्दी करो' की पड़ी है। किसी ने ठीक ही कहा है—

'जिस हस्ती पर आपने अब तक किया गरूर
वह सागर में बूँद से भी ज्यादा नहीं हुजूर'।

बस सारे रिश्तेदार, प्रियजन अम्मा पर अपनी-अपनी चादर जल्दी-जल्दी उढ़ाकर अपने श्रद्धा-सुमन चढ़ाने लगे। अम्मा सब रंगों से लाल, नीली, पीला, हरी, बैंगनी, सैटिन के रेशमी कफन से ढकी जाने लगी। फूल माला, नारियलों के ढेर के नीचे अम्मा मुझे दबती सी नजर आईं। मेरा मन कहने लगा, 'अरे अम्मा फेंकों यह सब और उठकर बैठ जाओ। तुम्हारी नाजुक काया क्या यह बोझ सहने लायक है?' पर अपने सोच पर आप ही मुझे हँसी आ गई। लोग ओम नमो नारायण-ओम नमो भगवते वासुदेवाय नमः का जप करने लगे॥ बहुएँ रोनी सूरत लेकर अम्मा के लिए सुबकने लगीं। मातमपुरसी में आई स्त्रियाँ उनको छाती से लगा-लगाकर सांत्वना देने का प्रयास करने लगीं। जितनी वे सांत्वना देती,उतनी ही अधिक वे रोने-बिलखने लगतीं। दुनिया की यह दोहरी दुनियादारी देख मुझे विरक्ति होने लगी। मैं अंदर-ही-अंदर मन में बोली, 'देखो अम्मा, कितना लाड़ लड़ाया जा रहा है तुम्हें? जीते जी तुम जिस लाड़-प्यार के लिए तरस गईं, अब वह भर-भर अंजली तुम पर उड़ेला जा रहा है! श्रद्धा और प्रेम के गुलाल से अब तुम सराबोर हो। मेरी प्यारी बहन अब तुम सबों को क्षमा कर देना। यह दुनिया नासमझ है।

अम्मा की खूब लंबी देह थी। सो सीढ़ी से नीचे उतारकर ले जाने के लिए और उन्हें ठीक दिशा में करने के लिए एक सज्जन ने उन्हें सिरहाने से पकड़ा और घसीटकर एक पोजीशन में कर दिया। इस बेरहमी से उन्हें घसीटे जाते देखकर मैं एकदम सहम गई। हाय यह क्या हो रहा है? नाजुक और अति कोमल अम्मा से जरा सा झटका तो बरदाश्त नहीं होता था, आज ऐसी बेदर्दी से खींची जा रहीं हैं और चुपचाप पड़ी हैं! मेरी माँ एक गाना गाती थीं, 'हीरा मन तोता उड़ जाएगा एक दिन-इस काया का गर्व न कीजे, आए

काल ले जाएगा एक दिन', सो सचमुच अम्मा को काल आज ले जा रहा है। पलभर को इस कोलाहल में, मैं न जाने कहाँ भटक गई। चेतना लौटी तो विदाई की घड़ी आ पहुँची थी। प्यारे बेटे और प्रियजनों ने 'राम नाम सत्य है' का उद्घोष किया, अम्मा अपने गंतव्य को प्रस्थान कर गईं। पीछे बिखरी रह गई पंखुड़ियाँ। और मैं लौट आई तीन वर्ष पीछे के अतीत में। मुझे लगा जैसे कोई लिपटी हुई फिल्म फिसलकर मेरे हाथों में खुलती जाने लगी हो।

यहाँ मैं नई-नई ही आई थी। किसी से जान-पहचान भी नहीं हुई थी। भिन्न भाषा होने के कारण किसी हिंदी भाषी की तलाश में रहती थी। एक दिन अलस सुबह टहलकर लौट रही थी। अभी-अर्भ वातावरण भी सोया सा ही था, लोगों की आवाजाही भी शुरू नहीं हुई थी। मैंने ऊपर जाने के लिए लिफ्ट का बटन दबाया ही था कि मुझे ऐसा लगा कि कोई मेरे पीछे खड़ा है। पीछे मुड़कर देखा तो एक अति वृद्ध, पतली-दुबली, धवल केशी महिला को खड़े पाया। अस्सी-पिच्चासी से कम तो नहीं ही होंगी। अति गोरा रंग, शरीर पर सफेद सिल्क का विलायती गाउन और उसके ऊपर सफेद मलमल का दुपट्टा उनके ऊपर खूब ही फब रहा था। मैं चुपचाप उन्हें देखती हुई लिफ्ट में आने पर आगे बढ़ी तो सहारे के लिए मैंने अपना हाथ आगे बढ़ाया। पर एक तरह से मेरे हाथ की उपेक्षा सी करते हुए उन्होंने मेरी सहायता नहीं ली और प्रश्नसूचक अपरिचित निगाहों से मुझे देखने लगीं। जैसे पूछ रही हों कि पहले तो कभी नहीं देखा तुम्हें? मैंने उनकी तरफ मुसकराने का प्रयास किया तो उसका भी प्रत्युत्तर उन्होंने नहीं दिया। मुझे लगा कि विचित्र कड़े स्वभाव की स्त्री है। इतने में लिफ्ट मेरी मंजिल पर रुक गई और मैं उतर गई। वे ऊपर चली गईं। यही अम्मा से मेरी पहली मुलाकात थी। पूछ-ताछ करने पर पता चला, मेरी पोती की सहेली की परनानी हैं। धीरे-धीरे आते-जाते सहेली की नानीजी से परिचय हो गया तो उन्होंने अपने घर आने का निमंत्रण दिया। मैं आने-जाने लगी। इस प्रकार लिफ्ट में मिली उन वृद्ध महिला से भी आमना-सामना होने लगा और कब यह आमना-सामना घनिष्ठता में बदल गया, पता ही न चला। प्रथम परिचय में जो मुझे विचित्र और रूखी सी लगी थी, अब मैं

उनकी परम् आत्मीया बन गई थी। एकदम सरल सहज ही थीं। कभी-कभी बाह्य आवरण से अंदर की असल पहचान नहीं हो पाती है। प्रथम परिचय में मेरे साथ ऐसा ही हुआ। वे मुझसे कम-से-कम बीस-पच्चीस वर्ष तो बड़ी थी हीं पर हम लोगों में अच्छी मित्रता हो गई। शायद मित्रता या मन मिलने के लिए उम्र कोई मायने नहीं रखती। सच कहूँ तो इस मित्रता के पीछे मेरा भी कुछ मकसद था। खाली समय में किसी वृद्ध का अकेलापन बाँट सकूँ, कुछ क्षण सेवा में अर्पण कर सकूँ। और आज के युग की इस बढ़ती समस्या को नजर में रखकर मैं भी कुछ करूँ, यह भावना भी मेरी थी। धीरे-धीरे अम्मा से मेरी मित्रता घनिष्ठता में बदल गई।

मैं रोज शाम को नीचे गार्डन और सोसाइटी में घूमने को उतरती थी, जब से अम्मा को यह पता चला तो वे भी आने लगीं। कभी वे पहले आ जातीं तो उनकी आँखें मेरी खोज में लगी रहती। मैं भी घूमते-घूमते उन्हें ढूँढ़ती रहतीं। उनकी चाँदी सी चमकती केशराशि का ऊँचा जूड़ा मुझे दूर से ही दिखाई दे जाता, फिर मैं लपककर उन्हें जा पकड़ती। मेरे दोनों हाथ प्रणाम की मुद्रा में जुड़ जाते तो अम्मा का चेहरा खिल उठता। झुर्रियों से भरी पतली-पतली गोरी बाँहें उठा, वे दोनों हाथ जोड़ राधेश्याम का उच्चारण करतीं। तब मैं उन्हीं की धीमी रफ्तार से रुकती-रुकाती चलने लगती। रास्ते में उन्हें सहारा देती, कभी मोटर से तो कभी बच्चों की दौड़ती साइकिलों से, बीच-बीच में ऊँची-नीची जमीन आ जाती तो सावधान भी करती जाती। यह नित्य नियम सा बन गया था। हमारी जोड़ी सोसाइटी में मशहूर हो गई थी। थकने पर राम मंदिर की सीढ़ियों पर बैठ जाते। संध्या समय यहाँ समुद्र की हवा फर्राटे से बहती थी और शांति रहती थी। पंडित हुए तो आरती भी करा लेते थे। इस जगह एकांत में बैठने पर अम्मा को बड़ा सुकून सा मिलता था। यहीं पर वे अपने मन की एक-दो बातें कर अपना दिल हलका कर लेती थीं। बहुत दिनों तक, जब तक उन्हें मेरे ऊपर पूरा भरोसा नहीं हो गया था, कभी उन्होंने अपनी पीड़ा मुझसे नहीं बाँटी। भरोसा हो गया तो यदा-कदा मन के दुःख को वह बड़ी सावधानी से डरते-डरते ही कहती, वह भी आधी-अधूरी इशारे इशारों से ही। पर मैं उन्हें

धैर्य बँधाती, सहानुभूति दरशाती, कहती, 'जाने दो अम्मा। दुनिया ऐसी ही है। इन्हें नहीं पता, एक दिन उनके जीवन में भी ऐसा आनेवाला है। सब एक ही नाव में बैठे हैं अम्मा ना समझ हैं। आप खुश रहा करो' तो कहती 'बहन मेरी अब जीने में मजा नहीं रहा।' मैं बात का रुख बदल देती, क्योंकि घावों को कुरेदने से दर्द ही होना है। मैं आज क्या खाया ? आपने क्या किया। उसने क्या किया ? में उलझा लेती और हमारी सभा विसर्जित हो जाती।

मुझे कहानी–किस्से सुनने का शौक बचपन ही से रहा है। सो और कुछ नहीं तो अम्मा से उनकी पिछली जिंदगी के बारे में आग्रहपूर्वक पूछती। ये वह लोग हैं जिनके जाने के साथ सौ साल का युग ही चला जाएगा। एक इतिहास, एक संस्कृति ही इनके साथ चली जाएगी। मेरे आग्रह पर 'कहतीं क्या सुनेगी, क्या करेगी सुनकर ? मेरे जिद करने पर एक दिन बोलीं ले सुन अच्छा बताती हूँ।' उनके बताए अनुसार अम्मा सिंध के कराची शहर की रहनेवाली थीं। कहतीं, मैं अपने बाप की इकलौती बेटी और इकलौती संतान थी। तो मैं खुश होकर कहती अम्मा फिर तो आपके बड़े मजे रहे होंगे ? इस पर वे कहीं दूर अतीत में भटककर बोलीं, अरे खाक मजे होंगे। मेरी माँ मुझे बहुत छोटा सा छोड़कर मर गई थी। मेरे बाप ने अकेले ही मुझे पाला था। मेरे पूछने पर कि उन्होंने दूसरी शादी नहीं की तो हल्का सा हँसकर बोलीं, अरे तुझे क्या बताऊँ, आस–पड़ौस के लोगों से मैंने सुना और जाना था कि सौतेली माँ बड़ी खराब होती है। बहुत मारती है। खाना नहीं देती, बहुत दुःख देती है। सो मैंने अपने बाप को दूसरी शादी ही नहीं करने दी और मेरे बाप ने भी मेरी खातिर दूसरी शादी नहीं की। पूरी जवानी अकेले ही काट दी मेरी खातिर, मेरी जिद पर। भैनजी बहुत प्यार करते थे मेरे बाप मुझे। माँ की तो मुझे कुछ खास याद नहीं और उनकी आँखें तरल हो उठीं। थोड़ी देर में सँभलकर बोलीं, बड़ी मन्नतों बाद पैदा हुई थी। मेरे बाप ने मेरी लंबी उम्र की बड़ी दुआ माँगी थी। इतना सुनते ही मैं तपाक से गंभीरता छोड़ बोल पड़ी, 'अरे अम्मा, तभी तो आपने लंबी उम्र पाई है।' देखो, माँ–बाप की दुआओं में कितना असर होता है ? और हम दोनों हँस पड़ीं। तब वे कहने लगी चल हट, लंबी उम्र किसी काम की

नहीं और गंभीर हो उठीं। आज अम्मा नहीं रही हैं, उन्हें गए आठ-दस साल तो हो गए। पर अपनी अवस्था देख अम्मा की कही बातें सच ही लगती हैं। एक उम्र पार होने के बाद सचमुच जीने में कोई मजा नहीं। फिलोसफी अपनी जगह है। पर सच यही है कि जीवन की साँझ को अकेले उपेक्षित काटना अति कठिन है।

मैं आगे बात बढ़ाती। बातें पुरानी हो जाने से टुकड़ा-टुकड़ा ही बता पाती। मैं पूछती अम्मा कराची से इधर कैसे आ गईं? तो बोलीं, जब पाकिस्तान बना था न, तभी आई थी। मैं इस किस्से को सुनने के लिए और आतुर हो उठी तो बोली, "अरे कुछ न पूछ। बहुत परेशानी उठानी पड़ी, जब पाकिस्तान बनने की अफवाह चारों ओर फैलने लगी तो लोग घबराने लगे। धीरे-धीरे हिंदू कराची छोड़ने की तैयारी करने लगे, कुछ छोड़ने भी लगे। दंगे भड़के नहीं थे, पर कहीं-कहीं हिंदुओं की लूट-पाट, कहीं आगजनी, कहीं हो-हल्ला होना शुरू हो गया था। अफवाह फैलने लगी कि हिंदुओं के जान-माल की खैर नहीं रहेगी। यह बात हिंदू समझने लगे थे। मुसलमान मौका देखते ही हिंदुओं को धमकाने लगे थे। कुछ मुसलमान दोस्त धीरज भी देते, जाने को मना भी करते, पर हमारा बाबूजी; पति समझ गया और हम सब को निकाल लाया और हम दिल्ली आ गए। सामान, घर-द्वार सब वहीं छूट गया। मुसलमान कुछ भी सामान नहीं लाने दे रहे थे। भैनजी पूरा भरा घर वहीं छूट गया। जान के लाले पड़े थे। पर खैर हुई कि बाबूजी होशियार था और जल्दी ही निकाल लाया हम सबको। बाबूजी, मेरी सास, मैं, मेरा एक तीन साल का बेटा और नकदी लेकर हम दिल्ली आ गए। एक बच्चा मेरे पेट में था। मैं बोली, ऐसे में तो अम्मा बड़ी मुश्किल आई होगी? मेरी आँखें के सामने सन् सैंतालीस के अलीगढ़ के भयावह दंगे घूमने लगे। उस समय मेरी उम्र चौदह साल की थी। उन दंगों का जिक्र करने ही से मेरे रोंगटे खड़े हो जाते हैं। आगजनी, लूटपाट, बलात्कार, मार-काट, रात-रातभर 'जय बजरंगबली' और 'अल्लाह हो अकबर' के उद्घोषों से सारा वातावरण खौफनाक रहता था। सड़क पर कत्ल होते अपनी बालकनी से मैंने देखे। मौत का सा सन्नाटा गली-मुहल्लों में छाया रहता। जरा से शोर

से खलबली मच जाती। अपनी सुरक्षा के लिए ईंट, पत्थर, लाठी, मिर्च का पाउडर, जो जिसको ठीक लगता, सहेज-सहेजकर रखता। रात-रात भर लोग पहरा देते। हिंदुओं के साथ अंग्रेजों का पक्षपात होते तो मैंने खूब देखा था। हिंदुओं के मुहल्लों के नलों का पानी तो अकसर ही बंद कर दिया जाता था। लोग आग के डर से पानी भर-भरकर रखते। बड़ी दहशत पैदा हो गई थी। बहुत पुरानी बात हो गई पर अभी भी कौन सा सबकुछ शांत हो गया है? आए दिन हिंदुस्तान-पाकिस्तान के नाम पर खूँजनी होती ही रहती है। कितने घर उजड़ते रहते हैं? अभी न जाने कितने पाकिस्तान और बनेंगे, कोई नहीं जानता। देर होती देख मैं विचारों को झटककर वर्तमान में आ जाती ओर बात आगे बढ़ाती। अम्मा बताती, बाबूजी कराची में सरकारी नौकरी में था। इस कारण दिल्ली में उसे सरकारी नौकरी जल्दी मिल गई। लोधी कॉलोनी में क्वार्टर मिल गया। बस तब से दिल्ली ही रही। नया घर-बसाया रचाया। सब बच्चे वहीं हुए। अम्मा के चार बेटे और तीन बेटियाँ हुए। सबों को पढ़ाया-लिखाया, शादी-ब्याह किए। कहतीं, बहन मुझे कोई तकलीफ नहीं थी। अब पुरानी सुखद यादों की छाया अम्मा की आँखों में तैरने लगती, वृद्ध चेहरे पर गुलाबी सी आभा छा जाती, मुसकराकर कहतीं, 'भैनजी, बाबूजी और मेरी सास दोनों बड़े अच्छे थे। मुझे जमीन पर पैर भी न रखने देते थे। मैंने माँ का लाड़-प्यार तो देखा ही नहीं, जाना ही नहीं, पर मेरी सास मेरा बड़ा खयाल रखती थीं। दूध का गिलास मेरे हाथों में पकड़ाती थीं भैनजी। कुछ काम न करने देती थी। मैं मन-ही-मन कहती दूध के गिलास को प्यार से, दुलार से सास द्वारा पकड़ाए जाने को अम्मा कितना मान अभी तक दे रही हैं! कितनो ही दफे इस दूध के गिलास की बात वे मुझे बता चुकी थीं। मानो सास द्वारा बहू को प्यार से आग्रहपूर्वक दूध का गिलास पकड़ाया जाना कोई बड़ा भारी सौभाग्य हो बहू का! मुझे भी पता है उस जमाने की अम्मा सच में आपने भाग्य पर इठलाती-इतराती होगी और जिसका पति भी उसे जमीन पर पैर न रखने देता हो, तब तो उस अभिमनिनी के क्या कहने होंगे! ऐसा ही सुखद बीता कल था अम्मा का। यह सब सुनाते वक्त अम्मा का चेहरा ऐसे खिल उठता था, जैसे फूल गुलाब का।

पर क्या पता था उन्हें कि भाग्य में कितनी देर तक यह इठलाना बदा था! भाग्य ऐसों को कभी–कभी बड़ी करारी पटखनी देता है। जिन अम्मा के पाँवों के नीचे पलक पाँवड़े बिछे रहते थे, उन्हीं पाँवों के नीचे आगे पथरीली कँकरीली धरती आएगी, क्या अम्मा को पता था? नहीं था। किसी को भी नहीं पता होता है इस नियति के खेल का।

एक बार मैंने पूछा, अम्मा आप दिल्ली से यहाँ कैसे आ गईं? तो एकदम चुप हो गईं। थोड़ी गुम–सुम रहीं फिर, उनकी आँखों में आँसू आ गए। मेरे ढाँढ़स बँधाने पर किसी प्रकार उन्होंने जो बताया, वह इस प्रकार है—

पहले हार्ट फेल होने से अपने पति की मृत्यु से वे सँभल भी न पाई थीं कि कुछ ही दिनों बाद बड़ा पुत्र भरी जवानी में चल बसा। उसके काम निबट भी न पाए थे कि दूसरे नंबर का बेटा, जो यहाँ रहता था, वह भी हार्ट फेल होने से चल बसा। तब दिल्ली से फड़फड़ाती अम्मा यहाँ दौड़ी आईं और तब से यहीं हैं। मैं सुनकर जड़ सी हो गई। मैं भी इस पीड़ा से गुजर चुकी हूँ। पर सच मानिए, अब मुझे अपनी पीड़ा कम लगी। मेरे दुःख की रेखा के आगे जैसे एक बड़ी रेखा खिंच गई। फिर मैंने यह प्रसंग उनके आगे नहीं छेड़ा। अम्मा मेरी प्रेरणास्रोत बन गईं। मैं यही सोचती रहती कि कैसे इस स्त्री ने दारुण दुःखों का सागर अपने अंदर समेटा हुआ है? मेरी अनाड़ी लेखनी लिखने में असमर्थ है। बस फिर जिंदगी आगे बढ़ती रही।

धीरे–धीरे अम्मा का शरीर शिथिल होता जा रहा था। एक दिन बीमार पड़ गई तो अस्पताल में दाखिल करना पड़ा। बहू अकेली पड़ गई तो खबर पाकर अम्मा का एक बेटा दूसरे शहर से आ गया। मिलने–जुलनेवाले आने लगे देखने के लिए। मैं भी खबर सुनकर पहुँची, अम्मा की शोचनीय हालत देखकर मैं तो सोचने लगी थी कि अब अम्मा घर वापस आएँगी भी कि नहीं! नाक में नली, बाँह में ड्रिप, आँखें मूँदे, बेहोश अम्मा बेसुध पड़ी थीं। डॉक्टर भी कुछ आश्वासन नहीं दे पा रहे थे। पर अम्मा अच्छी हो गईं। बहू–बेटे ने खूब सेवा की। उनकी सेवा होते देख मुझे बड़ा संतोष हुआ। काश सभी वृद्धों को यह सौभाग्य प्राप्त होता रहे! अम्मा हँसते–हँसते अच्छी हो गईं। इसी संदर्भ

में एक मनोरंजक दृश्य मुझे याद रहता है। अम्मा जब बैठने लायक हो गई, बेटे ने फल काटकर एक प्लेट में सजाए हुए थे और एक-एक फाँक वह आग्रहपूर्वक माँ की ओर बढ़ा रहा था। अब बेटा माँ को दे तो माँ वापस बेटे के मुँह में दे दे। तब बेटा जबरन फिर माँ को खिलाए तो माँ हँस-हँसकर डाँट-डाँट कर बेटे को खाने को मजबूर करे। लग रहा था कि कॉमेडी का कोई सीन चल रहा हो जैसे। मैं भी हँसने लगी। कैसी सरलता, कैसा माँ-बेटे का प्यार! फिर माँ घर आ गईं।

उस बीमारी के बाद फिर अम्मा पूर्ण स्वस्थ नहीं हो पाईं। धीरे-धीरे बढ़ती बढ़ती उम्र का तकाजा और मन का अकेलापन उन्हें निगलने लगा। उनकी जीवन शक्ति जैसे चुकने लगी थी। अब वे घूम-फिर भी नहीं सकतीं थीं। अकेली कमरे में सोती बैठी रहती, पर उनका मन शाम को पहले की तरह कुछ देर खुली हवा में साँस लेने का होता। कुछ रौनक देखने की इच्छा होती। पर शारीरिक तौर पर शिथिल हो जाने से निकल नहीं पाती थीं। मुझे भी रोज-रोज उनके घर जाने में संकोच होता था। सो अब उन्होंने शाम छह बजे मेरे फ्लैट पर आने का कार्यक्रम सा ही बना लिया। धीरे से लिफ्ट में आ जाती थीं। घंटी बजती तो मैं दौड़कर दरवाजा खोल देती। द्वार खोलते ही अपने सफेद सिल्क के गाउन में मुसकराती अम्मा का हाथ पकड़ मैं अंदर ले आती, फिर धीरे से उन्हें अपने पलंग पर ला बैठाती। सिरहाने के लिए नरम तकिए लगा देती तो वे उठकर पीछे पीठ टिका आराम से बैठ जातीं। फिर एक नजर चारों ओर मेरे सुव्यवस्थित छोटे से घर पर डाल खुश होकर कहतीं, 'बड़ी शांति है तेरे घर में।' मैं कहती हाँ अम्मा है तो। पर मन-ही-मन कहती कि हर दम यह शांति अच्छी नहीं लगती। जिसकी सदा भरे-पूरे घर में रहने की आदत हो, उसे यह शांति देर से ही रास आती है। मन तो अपने आदमियों के बीच ही रहना चाहता है। पर समय-समय की बात है। किन्हीं-किन्हीं कारणों से मन जो चाहता है, वह बहुत कम भाग्यशालियों को ही नसीब होता है। परिवार बड़ा होने के कारण और घर छोटा होने के कारण मुझे दो फ्लैट में व्यवस्था करनी पड़ी थी। मैं अकेली स्वतंत्रतापूर्वक रहती थी। इससे अम्मा अपने जीवन

से मेरी तुलना मन-ही-मन करती थी। बार-बार कहतीं थीं कि तू बड़ी सुखी है। न किसी की चैं-चैं, न मैं-मैं। मैं हँस पड़ती। अम्मा को बड़ा सकून मिला। उन्हें मेरे बारे में जानने की जिज्ञासा होती थी तो एक ही वाक्य बोलती थीं, सब ठीक है न? मेरा हाँ में उत्तर पाकर कहती, 'सब खुश रहें, खुश रहें। मेरे बेटे-बहू मुझे ठीक से रखते हैं या नहीं, बात पूछते हैं या नहीं? मैं हाँ में संक्षिप्त सा उत्तर देती तो कहतीं, तू बड़ी भागवंती है भैन। उनके मन में स्वाभाविक जिज्ञासा होती थी। वृद्धावस्था में एक विधवा अकेली औरत को जो आर्थिक या मान-सम्मान की समस्या होती है, उसे ही जानने की दबी-दबी ख्वाहिश उन्हें होती थी। पर मुँह खोलकर शिष्टाचारवश कभी पूछ न पाती थीं। "अम्मा, मुझे कोई तकलीफ नहीं है।" मैं उनकी बात समझकर स्वयं ही जवाब देती तो खुशी उनके चेहरे पर फूट पड़ती। अम्मा को भी अपने दिवंगत पति की पेंशन मिलती थी। वे किसी पर पैसे के लिए मोहताज नहीं थीं। मोहताजी तो इस उम्र में प्रेम और सहानभूति के दो बोलों की होती हैं। आज की इस भागम-भाग भरी दिनचर्या और भौतिक साधनों को इकट्ठा करने की असीम चाहना तथा पाश्चात्य सभ्यता ने ऐसा पैर पसारना आरंभ कर दिया है कि वृद्धों को तो हाशिए पर ही सरकाना शुरू कर दिया है। यह बड़ा दुःखद प्रसंग है और हर एक के जीवन में आएगा ही, पर मैं इसे एक तरफ सरका अम्मा से कुछ सुख वसूल करने की तरकीब निकालने लगती। मुझे भी कभी प्रसंग उठाने पर अपने बिछुड़ों का संताप होता, मेरी आँखें भर आतीं तो झट अम्मा मेरा हाथ पकड़ मुझे मूक सांत्वना देती। ऐसे में मुझे बड़ा धीरज मिलता। मैं थोड़ी देर को कनिष्ठ बन जाती। एक समय था जब मेरे सर पर बुजुर्गों की इतनी घनेरी शीतल छाया थी कि ताप दूर-दूर तक नहीं फटक पाता था। समय की मार से एक भी वृक्ष नहीं बचा छाँव के लिए। मेरा मन कहता कि कोई मेरे सर पर फिर से प्यार का हाथ फिराए। पहले की तरह मेरे कानों में आशीर्वादों का अमृत घोले। मैं पहले की तरह झुक-झुककर चरण स्पर्श करूँ। अपनत्व और सुरक्षा के हाथ मेरी पीठ पर फिरें। इस सब का थोड़ा सा एहसास मुझे अम्मा के सान्निध्य में मिल जाता था।

मैं आग्रहपूर्वक उन्हें कुछ-न-कुछ खिलाने का प्रयास करती, पर कितने ही दिनों तक सिर्फ पानी के उन्होंने कुछ भी स्वीकार नहीं किया। पर मेरी जिद के आगे उनकी एक न चली। अच्छी चीज होती तो उनके लिए मैं बचाकर अवश्य रखती। वे कहतीं, देख तू खाने की बात करेगी तो मैं तेरे घर नहीं आऊँगी। मैं कैसे कर्ज चुकाऊँगी, बड़ी खुद्दार थीं। उन्हें यही चिंता सताती थी कि बदले में वे नहीं खिला सकती थीं। मैं सब समझती थी, पर मैं मानती नहीं थी तो कहतीं, तू तो मेरी पिछले जनम की भैन है। मैं कहती, पर बहुत देर में मिले अम्मा मैं हँस पड़ती।

अब उनसे ज्यादा देर बैठा नहीं जाता था। जल्दी ही कहतीं, अब चलूँ और धीरे-धीरे उठ जातीं। पर एक बार यह जरूर कह लेतीं कि भगवान् अब मुझे उठा ले बहनजी। अब जीने में मजा नहीं है और अम्मा आज चली गईं—सौ साल का इतिहास अपने में लपेटे हुए। अभी भी उनके घर जब जाती हूँ तो लगता है अम्मा लिफ्ट के आगे खड़ी मुझे हाथ जोड़ विदा कर रही हैं। मुसकरा रही हैं।

□

श्यो प्रसाद और उसकी माँ

मंगलवार के साप्ताहिक कीर्तन में एक नवागुन्तिका को देख मैंने प्रश्नसूचक दृष्टि उठाई तो मुझे बताया गया कि श्यो प्रसाद की माँ हैं। अब उधर तो कोई रहा नहीं है। और उनकी एक बेटी भी इधर ही है, सो श्यो प्रसाद ने अपने पास यहाँ बुला लिया है। अपनी चर्चा सुन वे अपने में सिमिट-सिकुड़-सी गईं। नीले फूलदार पाड की सफेद मोटी धोती का घूँघट थोड़ा और आगे खींचा तो पान तंबाकू से रँगे एक-दो दाँतों की झलक मुझे दिखाई पड़ी। मैं बोली, अरे यहाँ घूँघट की क्या जरूरत है? कोई तो मर्द यहाँ नहीं है। और वैसे भी इतनी बड़ी हो। यह सुनकर भी वह वैसी ही सकुचाई शरमाई-सी बैठी रहीं। लगा घूँघट में कुछ मुसकराहट-सी आई। मैं भी मुसकरा दी। कीर्तन खत्म होने पर सब उठ खड़ी हुईं तो मैंने देखा कुछ सामान्य से ऊँचा कद, ढलकी हुई बूढ़ी कद-काठी, काला बेडौल चेहरा, जिस पर काले रंग के फ्रेम का मोटा सा पुराना चश्मा लगा था। सामने के दो छिदरे से बाहर को हल्के निकले दाँत पान तंबाकू से रँगे हुए थे। होंठ बंद करने पर भी दिख रहे थे। चेहरे पर एक बेबसी और दीनता छाई हुई थी। मारकीन के ढीले से ब्लाउज पर काले डोरे में बँधी चाँदी की दंतखुदनी गले से लटक रही थी। पतली रूखी-सूखी कलाइयों में दो-चार घिसी-पिटी काँच की चूड़ियाँ ही पड़ी थीं बस, सब मिलाकर लगा कि यहाँ विधाता ने बड़ी कंजूसी दिखाई है। वे अपना घूँघट और धोती सँभालती औरों के साथ ही उठकर चली गईं। बात आई-गई हो गई। ऐसे ही एक दिन कॉलोनी की कुछ औरतें मुझसे मिलने आईं। बातों-बातों में 'अरे बीबीजी कुछ सुना

आपने ?' मैंने प्रश्नवाचक दृष्टि डालकर देखा तो बोलीं, "अरे बड़ा झगड़ा हो रहा है ?" मैं हड़बड़ाकर बोली "कहाँ ? किसमें ?" तो बड़े खुसफसाहट भरे स्वर में बोली, "अरे और कहाँ, वहीं श्यो प्रसाद के घर में। बुढ़िया जब से आई है, उसे चैन न लेने दे रही है।" मेरे फिर पूछने पर कि भई कौन ? तो बोलीं, "अरे बीबीजी और कौन वही श्यो प्रसाद की लुगाई, न खाना देती है, न पानी, रात-दिन लड़ाई-लड़ाई। सुना है दो दिन से भूखी-प्यासी पड़ी है।" मेरे हृदय में शूल-सा गड़ गया। मैं बोली, "श्यो प्रसाद अपनी बीबी को नहीं रोकता, समझाता ?" "अरे बीबीजी आप भी कैसी बात कर रही हैं ? आप का जानत न हो कि दूसरी जोड़ी बादशाह की घोड़ी होती है। मर्द पहली पर ही जोर-जुल्म चला पाता है। दूसरी के आगे तो म्याऊँ बने रहता है। एक न चले।" मुझे थोड़ी हँसी आ गई। फिर मैं बोली, "यह तो बहुत अन्याय हो रहा है-श्यो प्रसाद की बड़ी गलती है। कोई समझाए। तुम सब समझाओ" तो बोलीं, "अब कौन बोले, दूसरे के झगड़े में, बीबीजी ? होम करे हाथ जलत है। करने चले भलाई और पीछे लग जाए दुश्मनाई।" इस प्रकार आए दिन श्यो प्रसाद के घर के महाभारत की चर्चा पूरी कॉलोनी में किसी के लिए दुःख और क्षोभ और किसी के लिए मनोरंजन का साधन बनती रहती। कभी सुनती कि बहू ने सास को पीट-पीटकर घर से बाहर ही निकाल दिया तो बुढ़िया बेटी के पास चली गई, रोती-झींकती। बेटी-दामाद ने काफी दिन अपने पास रखा भी पर माँ के बेटी के यहाँ रहने से सम्मानित श्री श्यो प्रसादजी के सम्मान का हनन होता। कहता, हमारी बदनामी करावे की खातिर बीबी मैय्यो कूँ अपने पास रखे हैं। हारकर बेटी ने माँ को वापस भाई के घर भेज दिया। झंझट देख बेटी भी माँ को समझाती। अरे चुपचाप पड़ी रहो, जो मिल जाए खा लो, जरा सह लो। जिंदगी के बचे-खुचै दिन काटने हैं, काट लो। मैं सोचती, कहना कितना सरल है, पर सहना कितना कठिन है वास्तविकता में। संध्या को तो पक्षी भी अपने-अपने नीड़ में बसेरे के लिए घुस जाते हैं। फिर यह तो ठहरी एक असहाय वृद्धा। दीन-हीन बिना पति की। पर क्या यह उसका अपराध है ? क्या किया है उसने ? अपने ही

वसेरे में जीवन कि इस संध्या बेला में वह एक कोने में पड़ी भी नहीं रह सकती? मेरा संवेदनशील हृदय अंदर-ही-अंदर कराह उठा।

कई बार हमदर्दी रखनेवालों के कहने से भूखी-प्यासी, छिपती-छिपाती, झिझकती हुई मेरे पास भी आती थीं। मैं कुछ न कह, उनके स्वाभिमान की रक्षा करते हुए शीघ्रता से जो भी होता, अंदर बिठाकर उन्हें खिलाने की चेष्टा करती। अपने हाथ से परोसती। नौकरों को भी नहीं परोसने देती कि बाहर जाकर चार बातें बनाएँगे। वो जड़वत् बैठी आँसू ढलकातीं, मना करतीं, हाथ लगा देतीं, तो मैं आश्वस्त करती कि कोई नहीं है यहाँ, आप खा लो। जैसे-तैसे वह अपने पेट की आग बुझाने की खातिर कुछ निगलती, मुझे मुंशी प्रेमचंद्र की 'बूढ़ी काकी' याद आ जाती। मैं सोचती कि क्या हर एक की यही नियति है? मुझे डर लगने लगता किसी अदृश्य की कल्पना से। मैं जल्दी-जल्दी उन्हें फिर आने को कहकर भेज देती। जैसे कुछ हुआ ही न हो, किसी ने कुछ देखा ही न हो। मेरा मन क्रोध और क्षोभ से तिलमिलाने लगता। मन करता कि बुलाकर पूँछ उनके सपूत से, कि आज के दिन के लिए ही क्या तुझे अपना रक्त पिलाकर पाला-पोसा था इस माँ ने? तुझे लज्जा नहीं आती? पर मेरे सिर पर भी बड़े बुजुर्ग थे। उस जमाने में बड़ों से आगे बढ़कर बोलने के लिए साहस की आवश्यकता होती थी, जो मुझे में था ही नहीं। इस कारण मैं श्यो प्रसाद से कभी कुछ कह नहीं पाई और कुछ कर भी न पाई। आज इस असहाय वृद्ध विधवा स्त्री को देख कोई कह सकता है कि कभी समृद्धि इसके आगे-पीछे डोलती थी? सौभाग्य इसके चरण चूमता था? राज करती थी? पति एक बड़ी मिल की गद्दी पर बड़े मुनीम थे। सभ्य सलीकेदार। सदा फिनले की सफेद धोती के ऊपर सिल्क का कुरता और काली बंडी पहनते। सँवारे हुए बाल, माथे पर चंदन का गोल टीका, गले में सोने की जंजीर और कुरते में सोने के बटन, पैर में चमकते पंप शू। यही उनकी वेशभूषा रहती। उनकी ईमानदारी और योग्यता की लोग कद्र करते। लाखों का लेन-देन उनके हाथों में रहता। समाज में भी इज्जत थी। दो पक्के मकान थे। द्वार पर सदा गाय बँधी रहती। पत्नी के पास तुला हुआ ढाई सेर सोना था।

सिर से कमर तक पीली-पीली दिखती। पैरों में घुटनों-घुटनों तक चाँदी के जेवर थे। पत्नी न रुपवती थी, न शिक्षित और न ही सलीकेदार थी। पर उन दिनों इससे कोई फर्क नहीं पड़ता था। बेमेल जोड़ियाँ भी सफलता से सरपट दौड़ती थीं। मुनीमजी की पत्नी को चार-पाँच कन्याओं के बीच एक यह श्यो प्रसाद ही पुत्ररत्न प्राप्त हुआ। घर में किसी चीज की कमी तो थी नहीं। बड़े लाड़-प्यार से इनका लालन-पालन होने लगा। आँखों के तारे चंदा उजियारे जो थे। जो माँगे, वही मिले, जो कहे वही हो। माँ सीधी-सादी अनपढ़, बेटे की उचित-अनुचित माँगों को पूरा करने में ही सुख पाती। पिता अपने काम में व्यस्त। जैसा होना था, वही हुआ। लुच्चे-लफंगे की सोहबत में रह, न लिख पढ़ सका, न किसी लायक ही बन सका। उल्टा आवारा लफँगा बन गया। मुनीमजी अपना सिर धुनते ही रह गए। पर करते क्या अब। बहुत देर हो चुकी थी। अच्छा खाता-पीता घर देख रिश्ते भी आने लगे तो उन्होंने यह सोच शादी कर दी कि शायद शादी के बाद सुधर जाए। पर कुछ न सुधरा। उसकी बेढंगी चालें बदस्तूर चालू रहीं। कहते हैं बहू सुंदर आई, पर इस दुराचारी ने उसे घुला-घुलाकर मार डाला। इस बीच मुनीमजी का देहांत हो गया। बिल्ली के भाग से छींका टूटा। अब तो श्यो प्रसाद की पाँचों उँगलियाँ घी में हो गईं। खुली छूट मिल गईं। बाप की मेहनत और ईमानदारी से कमाई पूँजी वह दोनों हाथों से उड़ाने लगा। रातें कोठों पर, दिन यार-दोस्तों में। जुआ, शराब, कोठा कुछ नहीं छोड़ा उसने। सुना, एक रंगरेजिन ने ऐसा फाँसा कि फिर उसने घर ही आना छोड़ दिया। बस जब रुपयों की जरूरत होती तो आ धमकता। जब तक माँ पर था, उससे राजी से, खुशामद, दरामद से, नहीं तो मारपीटकर छीन ले जाता और गुलछर्रे उड़ाता। माँ पिटती-कुटती रो-झींककर रह जाती। धीरे-धीरे सोना-चाँदी रुपया-पैसा सब आवारागर्दी की भेंट चढ़ गया। मकान-दुकान कुछ न बचा। पत्नी ने कई जगह शरण ली, पर उसका शोषण ही हुआ तो दुःख की मारी ने आत्महत्या कर ली। जब सबकुछ स्वाहा हो गया, तो श्यो प्रसाद के पैर यथार्थ की धरती पर पड़े। गजरों और मुजरों के लिए फूटी कौड़ी भी न बची तो धक्के खाने को मिलने

लगे। रंगरेजन ने देख लिया कि पानी सब सूख गया तो उसने भी अपने पट बंद कर लिये। शराब जुए के संगी-साथी पहचानने से भी इनकार करने लगे। तब इकलौते सपूत के होश ठिकाने आए। फाकों की नौबत आने लगी। माँ-बेटे न जाने कहाँ-कहाँ की ठोकरें खाने लगे। बहनों से जो भी बन पड़ता, करतीं, पर कब तक ऐसे चलता? आखिर एक बहन ने उसे अपने पास नौकरी करने की खातिर बुला लिया। जीजा ने खूब ठोक-पीटकर, नाक पकड़वाकर कि कभी कोई ऐसा काम नहीं करेगा कि इज्जतदार बहन-बहनोई की इज्जत पर बट्टा लगे। जीजा ने उसकी सिफारिश अपने मालिक से की। पढ़ा-लिखा तो खास कुछ था नहीं, इस कारण सफाई इंचार्ज की नौकरी पर रख लिया गया और इस प्रकार श्यो प्रसाद के जीवन का नया अध्याय शुरू हुआ। उसने एक नई दुनिया देखी, जो पहले कभी न देखी थी। पुराने शहरों की गलियों के घिनौने वातावरण से निकल वह फैक्टरी के एकदम भिन्न वातावरण में आ गया। जैसे कुएँ का कोई मेढक तालाब में आ गया हो। यहाँ न कोठे थे, न कोठेवालियाँ थीं, न शोहदे, न गुंडे। बस रात-दिन मशीनों पर मेहनत से काम करते इंजीनियर, ओवरसीयर, भट्टी पर काम करते पसीने से लथपथ मजदूर—काँच की शीट काटते अनुभवी कटर, चारों ओर काम ही काम करते, अनुशासन में बँधे लोग। शाम को शिफ्ट खत्म कर अपने-अपने घर जाते लागों को देखता, मैदान में फुटबाल खेलते कर्मचारियों को देखता, क्लब में कैरम खेलते, पुस्तक पढ़ते लोगों को देखता और देखता, अपने-अपने क्वाटरों के आगे खाटों पर बैठ हँसते-बतियाते लोग। श्यो प्रसाद की आँखें खुली रह गईं। कहाँ था अभी तक वह? आए हैं लोगों के जीवन में ऐसे मोड़ कि क्षण भर में काया ही पलट गई। वैभव विलास छोड़ जंगल की राह ली, डाकू से संत महात्मा बन गए। इससे अपने कुकर्मों के पश्चात्तापस्वरूप जंगलों की राह तो नहीं ली, पर सच ही उसने फिर कोई ऐसा काम नहीं किया कि उसके जीजाजी की नाक कटती। इतना बड़ा चमत्कार क्या कम था? जैसे श्यो प्रसाद की आत्मा जाग उठी हो। वह मुस्तैदी से काम में जुट गया। मालिक की नजरों में उठा रहे, ऐसा ही

प्रयत्नरत रहता। बरामदे में खड़ी होने पर मुझे फैक्टरी में आने जानेवाले दिखाई दे जाते थे। तब मैं देखती कि वह सदा समय से कुछ पहले ही आ जाता था। ग्रे कलर की पेंट और सफेद शर्ट पहने, एक हाथ में छतरी और दूसरे में कुछ कागज-पत्र पकड़े लपकता हुआ जल्दी-जल्दी नौकरी पर पहुँचने की चेष्टा में दिखता। कारण सफाई इंचार्ज था न! सुबह ही सुबह सारी फैक्टरी का मुआयना करता था। जहाँ कहीं भी कचरा या गंदगी पड़ी दिखती तो फिर न पूछिए, धर पकड़ता सुबह-सुबह जमादारों को। देर होने से तो सब उड़न छू हो जाते। एक-एक नाली, कोने-कुतरों और सड़कों की सी.आई.डी. की तरह छान-बीन करता कि कहीं कूड़ा-कचरा तो नहीं पड़ा। अगर कहीं सचमुच गंदगी पड़ी दिखाई दे गई तो फिर जमादारों की शामत ही आ जाती। बोली अपनी प्रादेशिक हिंदी ही बोलता था। "क्यों रे गोकुला विश्वेसरा, ऐसी सफाई करी जाए है ? जे का पड़ो है ? जाकू का तुम्हारो बाप आय के उठावेगो ? जमादार कहते 'देखिए हम तो पूरी सफाई करते हैं, पर आप हमारे पीछे ही पड़े रहते हैं। बाप तक मत पहुँचिए, 'अरे बाप तक की कहत हो' मैं तो तुम्हारे बाप के बाप तक जाऊँगो, समझे ? अभी जाता हूँ बड़े साब के पास। एक-एक की छुट्टी न करवाई तो देखियो। सारे कामचोर। न फैक्टरी में सफाई करें, न कॉलोनी में। जहाँ देखो वहीं नाली सड़ रही है, कूड़े पड़े हैं। जवाबदेई तो मेरी ही है न।" जमादार जवाब देते तो तू-तू मैं-मैं शुरू हो जाती। लोग खड़े हो जाते तो कहता, "अरे इनके पीछे न पड़ूँ तो ससुरे कछु न करें। हड़िया पियालो, दारू पियालों बस। काम के नाम पर सारेन की नानी मरे है।" एक बार तो ऐसा हुआ कि जमादारों ने चिढ़कर उसके सिर पर कचरे से भरी टोकरी ही उलट दी। पूरी कॉलोनी में एक सिरे से दूसरे सिरे तक जैसे वायरलैस से खबर फैल गई हो। जहाँ देखो वहाँ लोग दो-दो चार-चार के ग्रुप में आज की ताजा खबर का मजा लेने लगे। स्त्रियाँ अपनी-अपनी बाउंड्री से सिर निकाल-निकाल और हँस-हँसकर चर्चा करते न थकने लगीं। कितने ही दिनों तक यह मनोरंजन की बात बनी रही। पर श्यो प्रसाद में कोई फर्क नहीं आया। वह वैसी ही मुस्तैदी से अपना काम करता

रहा। लगता था, जैसे उसके जीवन में आमूल-चूल परिवर्तन हो गया हो। अपना काम पूरी ईमानदारी से करता था। समाज में भी जहाँ-जहाँ उसका उठना-बैठना था, कभी उसकी शिकायत नहीं सुनने में आई। जैसा कलंकित उसका विगत रह चुका था, वह सब अब धुल-पुछ गया था जैसे। हर सामाजिक काम में तत्परता से आगे रहता। पढ़ा-लिखा तो था नहीं, बोल-चाल में भी जैसा था, वैसा ही था। इसी संदर्भ में एक हास्यपूर्ण घटना घटी, जो बीसियों वर्ष बीत जाने पर भी बच्चे भूल नहीं पाते। छोटी सी जगह होने के कारण लोगों में भाईचारे और सौहार्द का वातावरण रहता था। किसी के सुख-दु:ख में सभी खड़े हो जाते-आत्मीयता से जुट पड़ते थे। इसी प्रकार किसी के यहाँ किसी उपलक्ष्य में बड़ी दावत थी। औरतों-मर्दों से घर भरा था। मर्द प्रबंधन में लगे थे। कमरों में दरी बिछाकर पंगत खिलाने का प्रबंध किया गया था। एक कमरे में बहुत सारी बड़ी-बड़ी लड़कियाँ और बच्चे आदि पंगत में बैठे थे। पत्तलों के ऊपर साग, रायते, पूड़ी, कचौड़ी सभी चीजें परोसी जा रही थीं, मिठाई, नमकीन की प्लेटें थीं, जो हर पत्तल पर एक-एक के हिसाब से ही रखी जा रही थी। किसी-किसी पत्तल पर दो-दो छोटे बच्चे भी एक साथ बैठे थे। खूब गहमा-गहमी मची थी। लड़कियों में हँसी-ठहाकों के शोर से कान फटे जा रहे थे। मेरी लड़कियाँ उसी पंगत में थीं। इतने में अति व्यस्त श्यो प्रसाद कमरे में प्रकट हुआ। वह निरीक्षणकर्ता की तरह हर परोसनेवाले को ध्यान से देखने लगा कि ठीक से परोस रहा है कि नहीं। सबों को सब चीज मिल रही है कि नहीं, कम-ज्यादा तो नहीं है। अचानक उसने मीठे और नमकीन की प्लेटें गिननी शुरू कर दीं। बोली तो थी ही उसकी अलीगढ़ की और तौर-तरीका भी वैसा ही था। उसने ध्यान से एक-एक की पत्तल को देख-देखकर अपनी तर्जनी अँगुली को उठा-उठा और गिरा-गिराकर गिनना शुरू कर किया। जाकू मिल गई, जाकू मिल गई, जाकू मिल गई। फिर अचानक रुककर चिल्लाया अरे मुकेष एक प्लेट तो ला, जाकू न मिली। अरे भैया कैसे परोस रहयो है ? मुकेश प्लेट दे गया। फिर उसी मुद्रा में हुई जाकू मिल गई, जाकू मिल गई, जाकू न मिली, इस जाकू, जाकू की

जो मेल ट्रेन उसने छोड़ी कि सारी लड़कियाँ हँसते-हँसते दोहरी हो गईं। सब लोट-पोट हो गए। तब वह भी हँसता हुआ भाग गया। बोला देख रहयो हूँ कि सबन कूँ सब चीज मिल गई कै न। आज मेरी बेटियाँ दादी-नानी बन गईं पर बचपन की यह मधुर जाकू-जाकू की स्मृति और श्यो प्रसाद को नहीं भूलीं। बाद में उसका नाम ही 'जाकू जाकू' रख गया था।

इसी प्रकार समय बीत रहा था कि एक दिन मैंने सुना कि श्यो प्रसाद का ब्याह हो गया। मैं तो हक्की-बक्की सी रह गई। पूछ बैठी कब? कहाँ? किससे? तो लोग बोले कि देस गया था, सो लड़कीवालों ने घेर चपेटकर राजी कर लिया। सभी को तो पता चल गया था कि सुधर गया है और कमा भी रहा है। मैं बोली अरे, वह तो ठीक है, पर उम्र की भी तो बात है। श्यो प्रसाद की उम्र तो काफी होगी? कितनी होगी? सब बोले कि आदमी की उम्र कौन देखता है? गरीब बाप को तो अपनी बेटी ब्याहनी होती है, सो ब्याह दी। पर यह भी सच है कि वह अपनी उम्र से आधी उम्र का ही दिखता था। दसियों वर्ष तक मैंने उस पर उम्र का कोई प्रभाव ही नहीं देखा।

शादी के बाद अपनी नवोढ़ा पत्नी को लेकर हमारे घर प्रणाम कराने लाया था। पत्नी सचमुच हुष्ट-पुष्ट, गोरी-चिट्टी सुंदर दिखी। सुंदरी कमसिन पत्नी देख कोई प्रसन्न होता तो कोई उसके भाग्य पर ईर्ष्या करता। कोई अपना-अपना भाग्य बताता। उसकी गृहस्थी चलने लगी। कालांतर में चार-पाँच बच्चे भी हो गए। श्यो प्रसाद की माँ कहाँ रहती है, इसका कभी जिक्र ही नहीं आया। शायद वह देश में ही रहती थी। अब लड़के का घर बस गया था। अवस्था भी अकेले रहने लायक नहीं थी और माँ की ममता भी तो थी। श्यो प्रसाद ने माँ को अपने पास बुला लिया। विगत का दुःख भूल, नया जीवन जी.के. देख लूँ, नाती-पोतों का मुख देख लूँ, इसी आशा में बेटे के पास चली आई। पर क्या पता था कि दुर्भाग्य ने अभी उसका पीछा नहीं छोड़ा था। सदा से स्त्री की दुश्मन रहती आई स्त्री फिर बहू के रूप में प्रकट हो गई। कनक घट के समान उस बहू का अंतस विष से ही भरा निकला। सास का जीना दुश्वार कर दिया। न श्यो प्रसाद कुछ कर सका, न समझाने-

बुझानेवाले ही कुछ कर पाए। हारकर श्यो प्रसाद माँ को फिर देस ही छोड़ आया। कहनेवाले कहते हैं कि वृद्धा परआसरे ही जीयी। मेरा हृदय वेदना से चूर-चूर सा हो गया। मैं नियति के इस खेल को देख गंभीर चिंतन में डूब गई। बार-बार किसी की ये लाइनें याद आने लगीं—

यह किसका इंजताम है, मुझे कोई जवाब दे।
किसी को कुछ न दे, किसी को बेहिसाब दे॥

□

कमला प्रसाद मास्साब

कभी हमारी फैक्टरी में काम करनेवाले निताई घोष का लड़का अभी अपनी बेटी का विवाह संपन्न करके लौटा है। यदा-कदा बढ़ोदा में मुझसे संपर्क करना नहीं भूलता। मालिक-मजदूर का संबंध कभी था ही नही हमारे यहाँ, सो अभी भी पुरानी अपनत्व की भावना से प्रेरित होकर कभी मिलने आ जाता है अथवा फोन पर कुशल-क्षेम पूछ लेता है। उसी ने बताया कि कमला प्रसाद मास्टर नहीं रहे। एक पल को मैं स्तंभित हो गई। फिर ऐसा लगा जैसे हरिशचंद्र विद्या मंदिर के इतिहास का पहला पन्ना ही फट गया। घिसते-घिसते आखिरकार पुस्तक से उखड़ हवा में फरफराता हुआ, आकाश में विलीन हो गया। शेष रह गईं कुछ यादें, कुछ स्मृतियाँ।

पचास-पचपन वर्ष से कम की स्मृति तो है ही नहीं। कांद्रा दस-पाँच झोंपड़ीवाला एक आदिवासी गाँव था। आज के झारखंड में टाटा से लगभग 15 किमी. दूर। चारों तरफ से घने जंगलों और दलमा की पहाड़ियों से घिरा हुआ। यातायात के नाम पर एक छोटा सा स्टेशन था, जिस पर कुछ एक सवारी गाड़ी और अधिकतर टाटा नगर को जाती कोयले से भरी मालगाड़ी ही दिखाई देती थीं। हफ्ते में एक दिन हाट लगती थी, जिसमें आलू, प्याज, चावल और कुछ छोटी-मोटी काम आनेवाली चीजें ही मिल पाती थीं। शाम होने के बाद जंगली जानवर घूमने लगते थे। ऐसी जगह में मेरे ससुर श्री हरिशचंद्रजी ने ग्लास फैक्टरी लगाई थी। जब तक मेरा विवाह हुआ, तब तक फैक्टरी के साथ उन्होंने छोटा सा बँगला, कुछ कर्मचारियों के रहने के लिए क्वाटर्स तथा एक छोटा सा अस्पताल तथा अस्पताल से जुड़ा हुआ ही दो-तीन कमरों का

स्कूल भी बनवा लिया था। इसी स्कूल के सबसे पहले अध्यापक थे, कमला प्रसाद मास्साब। कमला प्रसाद जैसे स्कूल की नींव के पत्थर थे। जिस पर पैर रख सब अध्यापक ऊपर चढ़ते गए, पर वे विद्यालय के हाईस्कूल बन जाने पर भी प्राइमरी के टीचर ही रह गए। हजारों बच्चों को उन्होंने अक्षर ज्ञान कराया होगा। समय आने पर मेरे बच्चों का पट्टी पूजन चाहे पंडितजी कराते थे, पर अक्षर ज्ञान कमला प्रसाद मास्टर ही ने कराया था। जब तक वे बोर्डिंग नहीं जाते थे, हिंदी, इतिहास, भूगोल सब वे ही पढ़ाते थे। उनकी शिष्टाचार की अमोल शिक्षाएँ तो मेरे बच्चे अभी भी नहीं भूले हैं। बच्चे कूदते-फाँदते सब सीख लेते थे। वे पुराने जमाने थे। शिक्षा पद्धति भी आडंबरविहीन थी।

मास्टर साहब मुजफ्फरपुर जिले के आस-पास के किसी अति पिछड़े गाँव के थे। माँ-बाप बचपन में ही गुजर गए थे। कुछ जमीन और कच्चा मकान छोड़ गए थे। उसी के सहारे चाचा, ताऊ ने मैट्रिक तक पढ़ा दिया था। इस प्रकार कमला प्रसाद श्रीवास्तव, कमला मास्साब बन गए। उनके साथ विधाता और किस्मत लिखनेवाली माता दोनों ने ही शायद जैसे साँठ-गाँठ कर ली थी। न रूप रंग दिया और न ऐश्वर्य। उनका व्यक्तित्व बड़ा ही दबा हुआ था। सूखी सी काया और गहरा साँवला रंग, सिकुड़े से कंधों पर छोटा सा गोल सिर और छोटा सा चेहरा। इतना तो ठीक था, पर उनके दाँतों और आँखों ने ही उनका कबाड़ा किया हुआ था। एक आँख तो तिरछी थी, वे किधर को देखते थे, समझ ही में न आता था; दूसरी आँख भी बिना माँ-बाप के गरीब पुत्र की बचपन ही में खराब हो गई थी। उस आँख की कुछ बाहर को निकली लाल-लाल, सफेद-सफेद पुतली से सदा पानी बहता रहता। अपने भद्दे से रुमाल से उस आँख को पौंछते ही रहते। आँख के कारण बेचारे बहुत परेशान रहते थे। ऊपर से बाहर को निकले खपच्ची जैसे दाँतों ने सारी भरपाई कर दी थी। टेढ़े-मेढ़े, हिलते-डुलते उनके दाँत मुँह बंद करने पर भी बाहर ही झाँकते रहते। हँसते तो सारे दाँत चारों दिशाओं में फैल जाते। उनकी उन्मुक्त हँसी देख सामनेवाला भौंचक हो उन्हें ही देखता रह जाता। बालों की हजामत समय से कराते और तेल लगाकर कायदे से रखते।

मास्टर साहब की वेशभूषा सदा एक सी रहती। पूरी बाँहों की घुटनों तक लंबी सफेद कमीज और साधारण सफेद धोती। पैरों में अपनी सस्ती सी चप्पलें। जाड़ों में कमीज कुरते में तब्दील हो जाती थी और रंग सफेद से सिलैटी या ब्राउन हो जाता था। यूँ मास्टर साहब बड़ी ही सादगी से रहते थे।

यों तो ईश्वर ने उन्हें शारीरिक सौंदर्य देने में कोई दया नहीं की थी, पर सरल और सुंदर मन और सबसे बड़ा धन संतोष उन्हें भरपूर दिया था। सदा संतुष्ट दिखाई देते। अपने में सिमटे-सिकुड़े। मुझे उनकी आँखों में सदा एक प्रकार की बेचारगी, उदासी या चुप्पी-सी दिखाई देती थी। अपने काम से काम रखते बस। किसी की तीन-पाँच में कभी नहीं। स्कूल में वही अपनी पुरानी रीति से ही पढ़ाते थे। बच्चे ही शुरू में कितने थे? हर कक्षा में पाँच-पाँच, सात-सात। बाद में तो संख्या बहुत बढ़ गई थी। पर उनकी पढ़ाने की पद्धति अपनी पुरानी ही रही। खूब मन लगाकर यत्नपूर्वक। मजाल थी जो कोई बच्चा चूँ-चपड़ कर जाए! शरारतें करने या घर का काम न करके लाने पर बड़े बच्चों को बना देते मुरगा, खड़ा कर देते बैंच पर। कभी-कभी हाथ में एक कमची भी रखते थे। अब जमाना बदल गया था। कोई मास्टर बच्चे को पहले की तरह पीट-कूट नहीं सकते थे। नीचांत-कूटांत की थ्योरी पर अब पाबंदी हो गई थी। सो बस शैतानों को बस में करने के लिए लहरा देते कमची हवा में। डरकर बच्चे काबू में आ जाते। क्लास के बाहर से शोर मचाते बच्चों के बीच उनकी "चुप्प, बैठो, खबरदार, जो किसी ने मुँह खोला तो", की आवाज सुनाई देती। सारी कक्षा चुपचाप हो जाती। यूँ मास्टर साहब किसी की ऊधौ में न, न किसी की माधों में रहते थे और अपने काम से काम रखते थे। पर एक जगह पर मास्टर साहब को मुश्किल का सामना करना पड़ जाता था। साहब का बेटा बड़ा शैतान था। कमला मास्साब की सारी युक्तियाँ उसको बैठाने ही में फेल हो जातीं, वह काबू ही में न आता। आगे-पीछे घूमते प्यार जताते, पर वह मास्साब से पढ़ने ही न बैठता, उल्टे मेरी मैम साहब से शिकायत कर देता। पुराने जमाने की मोहासक्त माँ भला कैसे अपने लाड़ले बेटे को पिटते देख सकती थी? वह भी फैक्टरी के वेतनभोगी अदना से मास्टर से!

वह थीं मालकिन। अच्छी डाँट पिलाती बेचारे मास्टर साहब को। उस समय उनकी विवश और किंकर्तव्यविमूढ़ दशा देखने लायक होती थी। कुछ कह न पाते। अपमान का घूँट अंदर-ही-अंदर आत्मसात् कर लेते। ऊपर से बुरा न मानते और दूसरे दिन फिर समय से आ जाते। मैं उस समय नई-नई ब्याहुली आई थी। कुछ कह नहीं सकती थी, पर गुरुजन का अपमान मुझे अंदर तक झकझोर जाता। ऐसा अपने मायके में मैंने न देखा था, न सुना था। हमारे समय में माँ तो क्या, दादी तक मास्टरजी के सामने न आती थीं।

फैक्टरी की उन्नति होती जा रही थी तो स्कूल का भी कायाकल्प होने लगा। तीन कमरों का स्कूल हरिशचंद्र विद्या मंदिर अब सीमेंट की पक्की दो मंजिला विशाल इमारत में स्थानांतरित हो चुका था। अब मास्टर साहब का वेतन भी बढ़ गया था और रहने के लिए अच्छा क्वार्टर भी मिल गया था। दुःखते, हिलते-डुलते, दाँत उखड़वा दिए और चश्मा भी लगवा लिया। अब हरदम रुमाल से आँखें नहीं पोंछनी पड़ती थीं। कुल मिलाकर अब मास्साब का व्यक्तित्व निखर उठा था। लेकिन दुःख की एक बात थी कि काफी आयु हो जाने पर भी अभी तक उनका विवाह नहीं हुआ था। इसका कारण उनका दबा हुआ रंग-रूप और निर्धनता तो थी ही, साथ में कोई खास अपना हितैषी नहीं था। (बकौल उनके सब डैथ कर गए) मैंने पहली बार जब उनके मुँह से 'डैथ कर गए' शब्द सुना था तो ग्रामीण अंग्रेजी पर मैं खूब मुसकराई थी। ऐसे ही एक बार ऑफ हो गए शब्द पर तो बजाए शोक प्रदर्शन करने के मैं हँस पड़ी थी। मानो जीवन-जीवन न होकर कोई बिजली का लट्टू था, जो ऑफ हो गए! धीरे-धीरे मास्साब की किस्मत रंग लाई और कमला प्रसादजी का विवाह हो गया।

हमारे बुजुर्ग एक कहावत कहते थे कि 'जली तो जली पर सिकी खूब' यह कहावत मास्साब के ऊपर चरितार्थ हुई। मास्साब को एक सुशील और आज्ञाकारी जीवन-संगिनी मिल गई। पत्नी ठेठ बिहार के गाँव की ही थी। साँवली, सलोनी, लंबी और पतली। अपने तेल से चमकते बालों में इंगुर से माँग भरे, माथे पर इंगुर की बिंदी लगाए और चटक लाल हरी छींट की साड़ी

पहने हमें अच्छी लगी। पर जैसे ही उनके दाँतों पर हमारी दृष्टि गई कि हम सब हक्के-बक्के रह गए। यह कैसा साम्य विधाता ने बैठाया था? मास्टर साहब के जितने बाहर को दाँत थे, उनकी पत्नी के उनसे भी बाहर थे। ऐसी दंतावली मैंने तो अपने जीवन में नहीं ही देखी थी। पर दंतावली जैसे भी रही हो, मास्टर साहब विवाह के मामले में धनी रहे। गरीब, अनाथ, पतवार विहीन मास्साब को जैसे किनारा मिल गया। जीवन नैया मंथर गति से आगे बढ़ने लगी। फैक्टरी की कॉलोनियों में वातावरण पारिवारिक सा होता है। हर दरो-दीवार की खबर एक-दूसरे को रहती है। कुछ छिपा नहीं रहता है। पर मास्साब की गृहणी ऐसी चतुर आई कि सबकुछ दबा-ढका ही रहता था। ऐसी सुतैमिन कि कभी किसी का पैसा उधार न करती। कामचलाऊ वेतन होने पर कई बच्चों की माँ हो जाने पर भी कभी किसी के आगे हाथ न फैलाती। ऐसी कुशलता से घर चलाती कि सारे पति अपनी-अपनी पत्नियों को उसकी ही उपमा देते। जो घरेलू सामान, छोटी मोटी दवा-दारू किसी के न मिलती, वह उनके यहाँ मिलती। ऐसे भाग्यवाले निकले मास्साब इस मामले में। पर्वों पर, खासतौर पर बिहार के छठ पर्व पर ढेकुआ भेजना तो वे कभी न भूलती थी। हम लोग आम के अचार से मीठे ढेकुए बड़े चाव से खाते थे। बड़े ही आनंद के दिन थे। बिना आधुनिक मनोरंजनों के कैसे हँसते-हँसते समय व्यतीत हो जाता था, पता नहीं न चलता था। कोई ऊँच-नीच नहीं। कोई आडंबर नहीं। बड़ों का मान-सम्मान, छोटों के प्रति प्यार, सब स्वतः चलता रहता था।

समय की धारा बहती रही। मास्साब के दो बेटी और दो जुड़वाँ बेटे हुए। सभी अच्छी तरह पल-पुस गए। हरिशचंद्र विद्या मंदिर में पढ़-लिख लिये। कहते हैं न कि 'निर्बल के बल राम', सो बस उन रामजी की कृपा से घर बैठे ही मास्साब को अपनी दोनों बेटियों को योग्य वर भी मिल गए। वरना सुरसा के मुँह की तरह बिहार में फैले तिलक दहेज देने की क्षमता भला गरीब मास्साब में कहाँ थी! फैक्टरी के मालिकों की कृपा से नौकरी के बदले उनकी बेटियों के विवाह भी खूब धूमधाम और आसानी से हो गए। लड़के टाटा नगर कॉलेज में पढ़ने जाने लगे।

हरिशचंद्र विद्या मंदिर में कुछ-न-कुछ आयोजन होते रहते थे। उसी में सबसे प्रमुख होता था बसंत पंचमी का आयोजन। बड़े विधि-विधान से सरस्वतीजी की प्रतिमा की पूजा होती थी। खूब धूम-धाम से पूजा के लिए बँगले से सभी को आमंत्रित किया जाता था। इस काम को कमला मास्साब ही करते थे। कभी-कभी तो उन्हें दो-दो, तीन-तीन चक्कर लगाने पड़ते थे। पर कभी उनके चहरे पर शिकन नहीं देखी। हम सब जब स्कूल के गेट पर पहुँचते तो सारे अध्यापक स्वागत में तैयार खड़े रहते। बच्चों में हलचल मच उठती। सारे बच्चे हाथ जोड़-जोड़ नमस्ते-नमस्ते करते दौड़ने-भागने लगते तो कमला मास्टर साहब उन्हें नियंत्रण में लाते और अध्यापकगण जहाँ अपनी उपस्थिति तथा सम्मान दिखाने की चेष्टा में रहते, वहीं कमला मास्साब हाथ बाँधे पीछे ही रहते। इस दिन पूरे स्कूल का भोज होता था। एक तरफ को बड़े-बड़े कढ़ाहों में भोजन पकता, पूरियाँ सिकतीं, सारे में खुशबू-ही-खुशबू फैली रहती। इस दिन का सारे अध्यापक और बच्चे सालों भर इंतजार करते रहते थे। ग्राउंड ही में जूट की पट्टियाँ बिछ जाती और वहीं बच्चों की लंबी-लंबी पंगतें बैठतीं। लड़के-बच्चे मिलकर सब काम कराते। खूब हो-हल्ला और रौनक होती थी। कमला मास्साब एक हाथ से धोती का छोर पकड़े, दूसरे में संटी पकड़े रहते। किसी का कुल्हड़ लुढ़क जाता तो उठाते, किसी की नाक बहती तो पोंछते, कोई झगड़ पड़ते तो खबर लेते, देख-देखकर परोसवाते, कैसी सुंदर सरल जीवनशैली थी! प्यार और अपनत्व भरी।

बच्चों के बाद मास्टरों की और हम लोगों की दावत होती थी। इस दिन का सारे मास्टरों को तो इंतजार रहता ही था। खूब कंप्टीशन चलता था। किसने कितना दही और कितनी मीठी रसदार बूँदियाँ खाईं। एक-एक, दो-दो किलो खा जाते थे और डकार भी न लेते थे। परोसनेवाले कहते 'अरे अरे ओउर ले ऊना' सरमात काहे हो, देवन देओ देवन देओ खाओ-खाओ और मास्टर लोग शरमाते जाते और खाते जाते। उनके चेहरे के तृप्ति के भाव अभी भी मुझे गुदगुदा जाते हैं, पर कमला मास्टर अपने हिसाब से ही खाते। कहते 'अरे अब हमारी उम्र इन लड़कन से टक्कर लेने की नहीं है भैय्या! मास्टर

साहब के न-न करने पर भी लड़के लोग चकाचक दही और बूँदी उनकी पत्तल पर डाल ही देते। मास्टर साहब हँसते कहते; अरे बरबाद क्यों कर रहे हो भैय्या ? बस-बस करते रह जाते। इस प्रकार बड़े मनोरंजक वातावरण में भोज समाप्त होता।

बसंत पंचमी पर एक दिन स्पोर्ट्स का भी होता था। सबसे अंतिम आइटम मास्टरों की रस्साकशी का होता था। इस खेल को देखने के लिए सारे बच्चे, आगंतुक, अतिथिगण और बाउंड्री पर लदी जनता सब आतुर ही उठते थे। मास्टर लोग मोटे से लंबे रस्से को आधा-आधा बाँट लेते। फिर दोनों पार्टी रस्सा अपनी-अपनी तरफ खींचती। पतले से कमला मास्टर भी लाइन में लगे रहते। सारे अध्यापक अंगद की तरह अपने-अपने पैर धरती में अड़ाकर अपनी-अपनी तरफ रस्सा खींचने की कोशिश करते। रस्सा कभी दाएँ तो कभी बाएँ तुमुल नाद के बीच हिलकोरे खाता इधर से उधर खिंचता जाता। सुकटिया से कमला मास्साब तगड़े-लंबे छोटे-मोटे मास्टरों के बीच इधर से उधर धकिलते रहते। एक बार कमला मास्साब की पार्टी हार गई तो धप-धपाधप एक के ऊपर एक गिरते सब कमला मास्साब के ऊपर ही ढेर हो गए। बड़ी मुश्किल से धूल-धुक्कड़ झाड़ते, अपने बड़े-बड़े दाँत निकाले वे स्टेंपेड से निकले। हम सब का हँसते-हँसते बुरा हाल हो गया।

इसी प्रकार पंद्रह अगस्त भी बड़ी धूमधाम से मनाया जाता था। झंडा उत्तोलन के लिए हममें से ही कोई जाता था स्पीचें होतीं। देशभक्ति के गाने होते, फिर जुलूस निकलता। यह बड़ा मजेदार होता था। दो-दो बच्चों की लाइनें बनतीं। मेरे बच्चे भी शामिल होते थे। इस कारण हम लोग जुलूस जरूर देखने जाते। हाथों में कागज के तिरंगे लिये बच्चे ऐसा गगनभेदी उद्घोष करते जाते कि मैं तो रोमांचित हो उठती। दबी हुई देशभक्ति उभरकर ऐसे ऊपर आती कि आँखों में आँसू भर आते। हर मास्टर अपनी-अपनी कक्षा के बच्चों को हाँकते चलते। बाल-गोपालों की जय-जयकारों के तुमल नाद और बच्चों के जोश-खरोश से वातावरण गूँज उठता। कमला मास्साब भारत माता की जय, इंकलाब जिंदाबाद, गांधीजी की जय, नेहरू जी की जय बुलवाते-

बुलवाते जुलूस के साथ रहने की कोशिश करते–कराते किसी प्रकार अपने बच्चों को अंत तक साधे रहते। बीच–बीच में अपने हाथ में पकड़ी कमची का इस्तेमाल करना न भूलते। अनेक वर्षों तक यह क्रम चलता रहा। न जाने कितने बच्चे उनकी प्राइमरी कक्षा में अध्ययन कर–कर आज ऊँची–ऊँची कुरसियों पर विराजमान हो चुके थे।

अब मास्टर साहब की काया क्षीण होने लगी थी। बाल सफेद हो गए थे, आवाज धीमी होती जा रही थी। पर रूटीन उनका पहले जैसा ही था। रोज शाम को दो मील जंगल की सैर को जाना और कुएँ पर बदस्तूर नहाना पहले जैसा ही था। अब मास्साब बुजुर्गों में गिने जाने लगे थे। दुःख–सुख में उनसे लोग सलाह मशविरा करते। सच्चे इनसान थे, नेक सलाह ही देते थे। हम लोगों को भी कोई छोटा–मोटा विश्वास का काम कराना होता तो उन्हीं को बुलाते। अब उनका एक लड़का फैक्टरी में और एक लड़का स्कूल में लग गया था, सो इस चिंता से भी वह मुक्त हो गए थे। तभी हमारे परिवार का विभाजन हुआ और हमसे कांद्रा छूट गया। आज मस्साब के निधन की सुन लगा, जैसे कोई अपना ही चला गया हो, जैसे विद्यालय के इतिहास का प्रथम पन्ना सचमुच फटकर दूर आकाश में कहीं उड़ गया हो। मन–ही–मन मैंने भावभीनी श्रद्धांजलि के दो फूल मास्टर साहब को अर्पण किए।

□

खता किसी ने की और सजा किसी ने पाई

बात सन् चौसठ की है, जब बंगाल बिहार में हिंदू-मुसलिम दंगे हुए थे। मेरी देवरानी के टाटा नगर के टी.एम.एच. हॉस्पिटल में बेटी हुई थी। टाटा हमारे गाँव कांद्रा से पंद्रह-बीस क्लिोमीटर दूर है। शाम को विजिटर्स ऑवर्स में देवरानी और बच्ची को देखने के लिए मैं और घर की दो-तीन औरतें तथा बच्चे टाटा गए। इस समय हॉस्पिटल में बड़ी भीड़ हो जाती है। सभी अपने मरीजों को देखने दलबल सहित चले आते हैं। मैटरनिटी वार्ड़ों में तो इतना शोर-शराबा होता है कि अस्पताल, अस्पताल न लगकर मेला-तमाशा जैसा हो उठता है। बिटिया के जन्म की खुशी में हम सब भी हँस बोल रहे थे। तभी कॉरीडोर में तीन-चार, पाँच-पाँच, सात-सात साल के ऊधमी लड़के कुश्ती लड़ने लगे। वे कूद-कूदकर एक-दूसरे पर वार करते, गिरते-पड़ते, फिर उठ-उठकर लड़ने लगते, साथ-साथ हँसते भी खूब जाते। भीड़ भरे कॉरीडोर में बच्चों ने जैसे युद्ध का मैदान बना लिया था। इस हुड़दंग को देख लोगों ने कारण पूछा तो एक-दूसरे पर मुक्का तान-तानकर बोले, "हम हिंदू मुसलमान की लड़ाई लड़ रहे हैं।" हम लोग स्तंभित रह गए। यह कैसा खेल इनके मन में आया है? हम लोग हैड सिस्टर से बातें कर रहे थे, वे भी गंभीर हो उठीं। हम लोगों ने भी हँसी समझकर छोड़ दिया और देवरानी से विदा ले वापस घर को चल दिए।

अब इधर देखिए कि उस दिन सचमुच टाटा में एक-दो वारदातें हुई थीं।

उसकी सूचना हमें तो नहीं थी, पर हमारे कांद्रा पहुँचने से पहले वहाँ पहुँच चुकी थी। जब निर्धारित समय तक हम लोग कांद्रा नहीं पहुँचे तो वहाँ चिंता व्याप्त हो गई। मेरे ससुरजी ने हमारी खोज-खबर के लिए आदमी इकट्ठे किए। इतने में हमारी कार फैक्टरी कॉलोनी के गेट पर पहुँच गई तो हम क्या देखते हैं कि 6, 7 लठैत भाले आदि हाथों में पकड़े एक जगह खड़े हैं। हमारी कार देख जैसे उनकी जान में जान आ गई, लेकिन उनके हथियार देख हम लोग हैरान हो उठे थे कि माजरा क्या है? हमने गाड़ी रोककर पूछा तो उन लोगों ने कहा कि, "साहब बहुत देर से इंतजार में परेशान हो रहे हैं, टाटा में दंगा-फसाद हो गया है और आप लोग अभी तक लौटे नहीं थे।" इतना सुनकर हम लोग एक-दूसरे का मुँह देखने लगे। क्षणभर में उन लड़कों की नाटकीय लड़ाई घूम गई। जरूर ही उन्होंने पहले ही कहीं सुन लिया था। पर कितने भोलेपन से वे आनेवाली भयंकर विपदा से अनजान अपना मनोरंजन कर रहे थे!

इन दंगों के दौरान कई हृदय विदारक और कुछ एक हास्यास्पद घटनाएँ भी घटीं। उन्हीं का जिक्र मैं यहाँ करने जा रही हूँ।

इन दिनों मेरा आठ साल का बेटा ललित टायफाइड से पीड़ित था। छोटी-मोटी बीमारी तो फैक्टरी के डॉक्टर बसु ही ठीक कर लेते थे, पर टायफाइड जैसे रोगों के लिए टाटा नगर के बड़े डॉक्टरों को ही दिखाना पड़ता था। फल, दवाइयाँ और जरूरत की खास-खास चीजें टाटा नगर से ही आती थीं। कांद्रा में कुछ नहीं मिलता था। बेटे की बीमारी को काफी दिन बीत गए थे। बुखार उतरने का नाम न लेता था। डॉक्टर 'ठीक हो जाएगा, ठीक हो जाएगा' कह, और अपनी मोटी फीस ले चलते बनते। दिनोंदिन वह कमजोर होता जा रहा था। इस समय मेरे पति एक महीने से मद्रास प्लांट में अति व्यस्त थे और मैं यहाँ कांद्रा में घर-बार और बीमार बेटे को लिये पल-पल उनकी प्रतीक्षा में मन-ही-मन राह देखती रहती। वे जमाने और थे, संयुक्त परिवार होते थे। बच्चे बड़ों पर अपने परिवार छोड़, निश्चिंत होकर बाहर काम सँभालते थे। बड़े भी अपने बच्चों से अधिक बच्चों के बच्चों को सँभालते थे। मैं भी इस

मामले में भाग्यशालिनी थी। प्रेम करनेवाले सास-ससुर पाए थे। मैं निश्चिंत थी। पर दंगा शुरू होने से बड़ी विकट परिस्थित उत्पन्न हो गई थी। चारों तरफ भय व्याप्त हो गया। कांद्रा से जो गाड़ियाँ पास होतीं, उनमें घायल-ही-घायल भरे रहते। टाटा में तो जैसे खून की होली मची हुई थी। अफवाहें अलग उड़ती आतीं। आजाद बस्ती की मस्जिद के नीचे मुसलमानों ने गोला-बारूद और हथियारों का भंडार भरा हुआ है। उसे तो मिनी पाकिस्तान ही समझो। किसी हिंदू की मजाल, जो उधर फटक जाए। आज इतने हिंदू मरे, वहाँ आग लगी, वहाँ कत्ल हुआ—बस यही भयंकर-भयंकर खबरें चारों तरफ छाई रहतीं। यातायात बंद। बीमार बच्चे को न दवा न पथ्य और न डॉक्टर ही उपलब्ध हो पा रहा था। लोग चौकन्ने घबराए थे। रात-रात भर जाग-जागकर पहरा देते। पर मुसीबत तो मुझ पर पड़ी थी। मेरा बेटा कमजोर-से-कमजोर हुआ जा रहा था। न फल, न दवा, न डॉक्टर, कुछ भी मयस्सर नहीं हो रहा था। जो टाटा का डॉक्टर देख रहा था, उसकी बीवी किसी शर्त पर भी अपने पति को मेरे बेटे को देखने नहीं आने दे रही थी। एक दिन रात को मेरा बेटा अधिक ही बैचेन हो गया। मेरी गोदी में पड़े-पड़े उसने मेरे गले में बुखार से तपती अपनी बीमार बाँहें डाल दीं और बोला, "मम्मी मुझे राक्षस दिख रहे हैं" और डर-डरकर मुझे जकड़ने लगा। अब मैं अपनी अधीरता का क्या बयान करूँ? कभी न विचलित होनेवाली मैं, समय की विवशता और गंभीरता से घबराकर रोने लगी। अपने ससुरजी के पास दौड़ी गईं। बच्चे की हालत देखकर वह तो पहले ही से चिंतित थे, पर अब अपने मन में कुछ सोचकर मुझसे बोले, "बेटा, सुबह तक धीरज धरो, मैं कुछ-न-कुछ करता हूँ।"

सुबह उठते ही उन्होंने सरदार ड्राइवर गुरुदीप सिंह को गाड़ी तैयार करने को कहा, सिक्योरिटी ऑफिसर गुरुदयाल सिंह को बंदूक के साथ बुलाया, अपनी पिस्टल कोट की अंदर की जेब में रखी और टाटा जाने को तैयार हो गए। घर में सभी घबरा गए। मैं बोली, "पिताजी आप मत जाइए, बहुत खतरा है।" वे बोले, "कुछ नहीं बेटा, अब इंतजार मैं नहीं कर सकता। कुछ नहीं होगा, कोई चिंता मत करो" और चल दिए। मैं क्या करूँ? एक तरफ मेरा

गंभीर स्थिति को पहुँचा बेटा दूसरी तरफ अपनी बेटी से भी अधिक चाहनेवाले मेरे ससुर। किसी प्रकार मन को साधकर खैर मनाती रही।

सिक्योरिटी ऑफिसर आर्मी मैन थे, ड्राइवर भी फरमाबरदार और बहादुर था और मेरे ससुरजी भी कम साहसी न थे। वे सीधे साकची में अपने पुराने डॉक्टर ब्रह्मपदो मुखर्जी के पास पहुँचे। यह एरिया भी सेफ नहीं था, पर भला हो डॉक्टर का कि वे मेरे ससुरजी की सुरक्षा में फौरन आए। आते ही उन्होंने मेरे बेटे की जाँच की, फिर दवा देखी। दवा देखकर बोले कि दवा तो ठीक है—टेरामइसिन, फिर क्या बात है, जो बुखार नहीं उतरता? कुछ सोचकर बोले, "हो सकता है दवा नकली हो!" सो उन्होंने दूसरी कंपनी की टेरामाइसिन प्रैस्क्राइब की और 2 दिन बाद रिपोर्ट करने को कहा। उस दिन कितनी फीस डॉक्टर को दी पिताजी ने, पता नहीं! पर मेरे बेटे का बुखार 2 दिन में ही छूट गया। जैसे चमत्कार हो गया हो। सुना तो बहुत था कि नकली दवाइयाँ भी होती हैं, पर मेरे ऊपर ही बीतेगी, एसी आशा मुझे नहीं थी।

मनुष्य के जीवन से खिलवाड़ करके पैसा कमाने की इस निकृष्ट वृत्ति से मेरा मन क्रोध और क्षोभ से भर उठा। मेरा बेटा जीवन और मृत्यु के झूले में महीने भर कष्ट भोगता रहा। नकली दवाई से उसके शरीर में गरमी भर गई और सालों तक उसे गरमी सताती रही। स्वास्थ्य सुधरने में भी काफी समय लगा। ऐसे देशद्रोहियों को जितनी सजा मिले, उतनी कम है।

ऐसे दंगे, फसाद के माहौल में नकली दवा के कारण पिताजी को जान हथेली पर रखकर जाना पड़ा। उनको कुछ भी हो सकता था। मेरे बेटे का भी अनिष्ट हो सकता था। अपनी जान की परवाह किए बिना मेरे पितातुल्य ससुर गए। मैं श्रद्धा से नत हो गई, मेरी आँखों में कृतज्ञता के आँसू भर आए। मैं सदा ही उन डॉक्टर, सिक्यूरिटी ऑफिसर और ड्राइवर की आभारी रही। नई पीढ़ी को इसी बहाने संदेश देना चाहती हूँ कि अपने और अपने बच्चों की सुरक्षा की खातिर संस्कारों और परंपराओं की संस्कृति को जीवित रखने की खातिर थोड़ा कष्ट सहकर भी संयुक्त परिवार में रह सकें तो अच्छा होगा।

इसी संदर्भ में इसी समय एक बड़ी हृदयविदारक घटना घटी। कांद्रा

पहाड़ी उपत्यका में बसा एक छोटा सा ही गाँव था। केवल ग्लास फैक्टरी के कारण ही उसकी पहचान बनी हुई थी। यहाँ शहरों जैसी अपराधिक घटनाएँ या शोर-शराबा नहीं था। गाँव में कोई मुसलमान नहीं था। बस फैक्टरी में काम करनेवाले कुछ मुसलमान और उनके परिवार थे, जिनसे घर जैसा संबंध था। जब टाटा नगर में दंगा-फसाद हुआ तो यहाँ कांद्रा में भी ऐसा कुछ हो सकता है, इसका किसी को लेश मात्र भी अंदेशा नहीं था। अगर होगा भी तो सारे कांद्रा पर होगा। ऐसा डर तो रहता था, मगर केवल मुसलमानों पर कुछ खतरा आ सकता है, ऐसी आशंका बिल्कुल न थी। वैसे हिंदुओं के पिटने और मारे जाने की खबरें तो आती रहती थीं। आज इतने हिंदू मरे, आज इतने मरे। इससे हिंदुओं का खून खौल रहा था, पर कांद्रा और इधर के आदिवासी गाँवों में तो शांति ही दिखाई देती थी। पर एक रात लगभग दो बजे एक दरबान ने मुझे जगाया। मैं तो अपने बीमार बेटे के कारण वैसे ही अधसोई सी रहती थी, एक आहट पर ही उठ बैठी। मेरे पूछने पर बड़ी घबराई मुद्रा में बोला, 'बहूरानी, बाहर गड़बड़ मची है। बड़े साहब बाहर ही हैं।' मैं पलक झपकते ही सारी स्थिति समझ गई, क्योंकि वातावरण भयावह था ही। मैं दौड़कर बाहर आई तो देखा कि दूर कहीं आग लगने की रोशनी आसमान पर छाई थी और लोगों का कोलाहल भी सुनाई दे रहा था। मेरा कलेजा धक् से रह गया। सामने ही गोल चक्कर के चारों तरफ गंभीर मुद्रा में खामोश कुछ सोचते हुए से मेरे ससुरजी धीरे-धीरे टहल रहे थे। मैं दौड़ती आतंकित-सी उनके पास पहुँची तो मेरे मुँह खोलने से पहले ही उन्होंने हाथ से चुप और शांत रहने का इशारा किया। वे बड़े ही साहसी, धैर्यवान् और प्रत्युत्पन्नमति व्यक्ति थे। फैक्टरी गेट खुला हुआ ही था। चार-पाँच दरबान वैसे वहाँ तैनात थे। मैंने बंद करने को कहा तो हाथ से मना करने का इशारा करके वैसे ही खामोश खड़े रहे। वे अपनी कमजोरी दिखाना नहीं चाहते थे। लगभग एक घंटे में कोलाहल शांत हो गया। जब सुबह अच्छी तरह हो गई, तब रात का दर्दनाक हादसा सामने आया। पता नहीं कहाँ से तीर-धनुष से लैस आदमियों के झुंड ने आधी रात में अचानक फैक्टरी में मुसलमानों पर धावा बोल दिया। पता चला कि

अधिकतर लोगों को रात में ही कुछ अंदेशा हो गया था। सो हमले से पहले ही वे घर छोड़ कहीं-कहीं जाकर छुप गए थे। कुछ लोगों को तो पत्थर से ढकी चौड़ी-चौड़ी नालियों में से दूसरे दिन निकाला गया। कुछ लोग परिवार सहित मेरे ससुरजी के पास दौड़े आए थे। जिस समय रात के दो बजे मैं बाहर निकली थी, तब पिताजी ने चुपचाप किन्हीं को पुआल के ढेरों में, किन्हीं को तख्तों के चट्टों में, किन्हीं को अँधेरे में कहीं, जहाँ हो सका, छुपा दिया था और आप मुस्तैदी से गेट खुला रखकर एक तरह से पहरा दे रहे थे। ऐसे थे प्रजापालक मेरे ससुरजी! दंगाइयों को फैक्टरी के अंदर छिपे लोगों का पता न था। वैसे फैक्टरी पर हमला करने का मकसद भी उनका न था। सब बच गए, पर पाँच बच्चों सहित एक परिवार पूरी तरह उन दरिंदों का शिकार हो गया। उस दर्दनाक घटना का जिक्र करने की ताकत मेरी कलम में नहीं है। यह था मेरा रात-दिन घर में बैठकर काम करनेवाला दरजी अब्दुल अली। बस बची उसकी नौ मास की गर्भवती पत्नी। न जाने कैसे वह दीवार फाँद गई थी। हाहाकार करता उसका करुण क्रंदन अभी भी मेरे कानों में गूँजता है। यह क्या चीज है? कैसा जुनून है? कोई मुझे बताए? किस धर्म में लिखा है? कोई मुझे दिखाए? न जाने कितने हिंदू, कितने मुसलमान, कितने सिख, ईसाई और न जाने किन-किन धर्मों की विधवा, अनाथ व बेवा सदियों से ऐसे ही क्रंदन करती आ रही हैं। कब रुकेगी यह वहशियत? और कब रुकेगा यह क्रंदन?

कांद्रा से दस-पाँच किलोमीटर दूर मुड़िया नामक गाँव है, सरकार ने वहीं मुसलिम कैंप की व्यवस्था कर दी थी। पिताजी ने दो ट्रकों का प्रबंध कर सारे मुसलिम परिवारों को समझा-बुझाकर पुलिस की सुरक्षा में उसी गाँव में भेजने की व्यवस्था कर दी। कोई ड्राइवर जाने को तैयार न होता था। आखिर में हमारा नेपाली ड्राइवर बिलबहादुर तैयार हुआ। यथा नाम तथा गुण था। पुलिस के आदमी भी डर से मील भर पहले ही ट्रक से उतर पड़ते थे, पर बिलबहादुर सभी को ठीक से उतारकर ही आता था। अब कहाँ ऐसे ड्राइवर मिलेंगे? शांति होने पर फिर सब वापस आ गए, बस अब्दुल अली खो गया। सच ही किसी ने लिखा है:—

खता किसी ने की, और सजा किन्हीं ने पाई।

"आ गए, आ गए"

उपसंहारस्वरूप इस कोहराम के अंत में एक हास्यास्पद घटना भी घट गई। अब्दुल अली के हादसे के भय से आक्रमण का अंदेशा व्यापना तो स्वाभाविक ही था। मुड़िया गाँव में मुसलमानों का जमावड़ा बढ़ता ही जा रहा था। इससे कांद्रावासी भयभीत रहने लगे। अभी भी याद करके मुझे हँसी आती है कि पलंग के नीचे एक लोहे की छड़ डालकर मैं भी सोती थी। भला उस लोहे की छड़ की क्या बिसात थी? न पिद्दी, न पिद्दी का शोरबा! पर मन के साहस के लिए। एक दिन लगभग दस बजे थे। हल्ला मचा 'आ गए', 'आ गए।' बस फिर क्या था? फैक्टरी में काम करते पचासों आदमी जो हाथ पल्ले पड़ा, लाठी, सरिया, बाँस-बल्ली, ईंट-पत्थर, काँच लें-लेकर फैक्टरी से निकल-निकल कॉलोनी की तरफ भागने लगे। 'आ गए, आ गए' का शोर मचाते अनेक तो बाऊँडरी फाँद-फाँदकर कूद गए। सभी के बच्चे स्कूल में थे। वहाँ अफरातफरी मच गई। अध्यापकों ने सबसे सुरक्षित जगह समझी बँगला, जैसे पुराने जमाने में युद्ध के समय किला ही अभेद्य समझा जाता था। उन्होंने पाँच सौ बच्चों की लाइन बनाई और ले आए सबों को फैक्टरी के अंदर बने बँगले में।

चारों तरफ बच्चे-ही-बच्चे भर गए, कोलाहल मच उठा। मैं तो अपने बीमार बेटे के साथ वैसे ही परेशान थी, यह विपत्ति देख और घबरा गई। मेरी समझ में तो यह भी नहीं आ रहा था कि ऐसे में मैं अपने बीमार बच्चे को लेकर भागूँगी कैसे? स्कूल के बच्चों से आँगन भर गया। शोर-ही-शोर। कान को कान न सुनाई पड़े। हारकर एक तरकीब सूझी कि सबों को ऊपर छतों पर भेज दिया जाए। एक न दो, पूरे पाँच सौ बच्चे। आखिर अध्यापकों ने सबों को हाँकते हुए सीढ़ी चढ़ाकर ऊपर खदेड़ना शुरू कर दिया। बच्चे सब चीख रहे थे।

अब आगे की सुनिए! जब 'आ गए, आ गए' का शोर मचा तो सबसे पहले फैक्टरी की कालौनी में ही डंका बजा। यही समय होता है, सब स्त्रियों

का खाना पकाने, नहाने धोने और थोड़ा-बहुत बतियाने का। दहशत तो फैली ही हुई थी। सो जैसे ही 'आ गए, आ गए' का नाद सुना, तो जैसी अवस्था में जो थी, घर छोड़ भाग छूटी, ऐसी दौड़ी जैसे कान्हा की बाँसुरी सुन गोपियाँ, फैक्टरी से भागे लोगों ने बँगले की ओर इशारा कर दिया तो सब उधर ही भागीं। मैंने खिड़की से स्त्रियों का हुजूम आते देखा। जान कितनी प्यारी होती है, अब जाना। जो कपड़े उतारे नहाने बैठी थी, वे किसी प्रकार धोती लपेट भागी, ब्लाउज नदारद! नन्ही सी हथौड़ी आत्मरक्षा हेतु हाथ में उठाए मिसेज सेन चली आ रही है, डॉक्टर बसु की दिमाग से मंद बेटी पौंपा बूढ़ी दादी के साथ केवल शमीज-कच्छे में चली आ रही है, जो जैसी अवस्था में थी चाकू, छुरी, चिमटा उठाए प्राणरक्षा हेतु बौखलाई हुई भागी आ रही हैं। किसी के चूल्हे पर भात चढ़ा था, तो किसी के चूल्हे पर दाल रखी थीं। घरों के दरवाजे खुले छोड़ बौखलाई सी दौड़ी चली आ रही थीं। भय से सबों के चेहरे पर हवाइयाँ उड़ रही थी। कोलाहल से सारा माहौल अजीब दहशत से भर उठा।

अब देखिए, जो अक्लमंद थे और जिनकी बुद्धि कुछ काम कर रही थी, बोले, 'चलो जल्दी पानी गरम कराओ और छत पर रखवाओ, आएँगे साले तो गरम-गरम पानी फेंकेंगे,' कोई बोला 'तेल गरम करवाओ' कोई बोला, 'अरे सबसे अच्छा मिर्च का पाउडर होता तो अभी बोरियाँ मँगाओ, साले आँखों में पड़ते ही भागेंगे।' कुछ लोग ईंट-पत्थर ऊपर इकट्ठा करने लगे।

इतने में मालवीयाजी जो मिर्जापुर के रहनेवाले थे और कांद्रा में लोहा, कपड़े परचून आदि का व्यापार करते थे। साथ में शास्त्रीय गायन के निपुण गायक थे। मेरे ससुरजी भी संगीत प्रेमी थे। इस कारण उनके परिवार से बहुत घनिष्ठता हो गई थी। दिन भर में दो-चार चक्कर तो उनके घर में लगते ही थे। वे बड़े जोश से एक प्रकार से दौड़ते हुए से भीड़ भरे आँगन में आए और चिल्लाकर बोले, "अन्नाजी (अन्नाजी मेरे ससुरजी का उपनाम था) जरा गड़िया तो निकलवाओ। हमहूँ तो देखें ससुरन को! कौन ससुर आए हैं?" फिर आदमियों को ललकारकर बोले, "चलो हमरे साथ, कौन-कौन माई का लाल चलत है?" अब क्या था, लाठियाँ ले-ले सारे माई के लाल सराय

केला रोड पर निकल पड़े, जिधर मुड़ियाँ गाँव था। पर वहाँ तो दूर-दूर तक आदमी तो क्या चिड़ियों का बच्चा तक न था। वे लोग तो डर से आप ही दुबके पड़े थे। जब कहीं कोई नहीं दिखा तो धिक्कारते हुए सब लौट आए साले चंडूखाने की उड़ाते हैं—'आ गए, आ गए।' और इन महरारुओं को तो देखो तनिक! चलो अपने-अपने घर को। और मिनटों में घर खाली हो गया। ऐसे दहशत भरे वातावरण में भी लोगों के चेहरे खिलखिला उठे और सबों ने चैन की साँस ली। कितना ही समय बीत जाने पर भी वे दृश्य याद आते हैं तो हँसी छूट पड़ती है।

□

मेरी गंगा सागर-यात्रा

सारे तीरथ बार-बार-गंगा सागर एक बार

यह कहावत मैं लोगों से बहुत वार सुन चुकी थी। सारी दुनिया कई बार घूम आई थी, अपने देश के बहुत से तीर्थ भी कर लिये थे, पर गंगा सागर नहीं गई थी।

अपने पति के देहांत के बाद मेरा तन-मन बहुत व्याकुल था, मुझे किसी ऐसे संत की तलाश थी, जो मुझे ज्ञान दे। इस असार संसार के मर्म को मुझे समझाए। मुझे धीरज आए। मृत्यु को मैं स्वीकार कर सकूँ।

तभी किसी ने मुझे भारत सेवा आश्रम संघ, जमशेदपुर के बारे में बताया, तो मैं वहाँ गई। सचमुच वहाँ का वातावरण देख और स्वामीजियों से मिल मुझे अच्छा लगा। तभी कलकत्ते से बड़े गुरुजी स्वामी विकासानंदजी महाराज का आना हुआ। उन्हें देख मेरे मन में कुछ आशा जागी और मैंने उनसे मिलने का समय माँगा। दूसरे दिन सुबह सात बजे का समय उन्होंने मुझे दिया। मैंने अपने मन की व्यथा कही तो बड़े सरल ढंग से उन्होंने मुझे समझाया। बोले "माता यह संसार असार हैं, यहाँ कोई नहीं बचता, न राजा, न रंक। समझो तुम्हें भी जाना है। सबों को जाना है और तुम तो माता हो। धरती की तरह सब भार, बोझ, दुःख-सुख धारण करना है। माता मन की आँखें खोलो। बचा जीवन अपने कर्तव्य में और परमार्थ में लगाओ।"

मैं चुपचाप सुनती रही, समझती रही, हालाँकि यह सब मैं पहले से जानती थी, पर स्वामीजी से मैं प्रभावित हुई और फिर भारत सेवा आश्रम संघ से मैं जुड़ ही गई।

यह संस्था मेरी रुचि की निकली। बंगाल के स्वामी प्रणवानंदजी महाराज इसके संस्थापक थे। इसके सारे कार्यकर्त्ता संन्यासी होते हैं। इस संस्था का मुख्य कार्य सेवा है। कहीं बाढ़ आए, कहीं महामारी आए, कहीं भूकंप आए, सेवा संघ सबसे आगे रहता है। कुष्ठ निवारण का बहुत कार्य संघ ने किया है। धीरे-धीरे मैं संघ के कार्य-कलापों में भाग लेने लगी। सारे संन्यासी मेरा बहुत सम्मान करते थे। मुझसे जो बन पड़ता, मैं करती। साल में जनवरी में बड़ा भोज होता था, उसके लिए अपने फार्म से कई क्विंटल चावल बनवाकर भेजती। दालें, घी, तेल, चीनी जो होता भेजती।

गाँवों में बीमारी फैलती तो दवाइयाँ भेजती। कुष्ठ रोगियों के लिए साड़ियाँ भेजती। स्वामीजी कलकत्ते से आते तो अपने बँगले पर उन्हें आमंत्रित करती, परिवार को अच्छे संस्कार देने के लिए। स्वामीजी किसी के घर नहीं जाते थे, पर मेरे आग्रह पर वे पधारते थे। अति वृद्ध थे। उन्होंने पुराना अंग्रेजों का जमाना देखा था। स्वतंत्रता संग्राम में भाग लिया था। उनके प्रवचनों में धर्म के साथ-साथ देश-प्रेम का पुट भी रहता था। इस प्रकार में भारत सेवा आश्रम संघ के सान्निध्य में आई। भारत सेवा आश्रम संघ का हैड ऑफिस कलकत्ते में रासविहारी एवेन्यू में है। एक बार दिसंबर के महीने में, मैं कलकत्ते गई थी तो स्वामी विकासानंदजी से मिलने रासविहारी एत्रेन्यू चली गई। तभी कुछ दिन आगे जनवरी में गंगासागर की यात्रा आनेवाली थी। आश्रम में उसकी चर्चा चल रही थी तो मेरे मन में गंगा सागर स्नान को जाने की भावना आई। मैंने स्वामीजी से कहा तो स्वामीजी बोले "अरे माता हमारा तो गंगासागर में बहुत बड़ा आश्रम है। जाओ-जाओ।" मैं बोली, "स्वामीजी 14 तारीख को स्नान होता है और मुझे स्नान के बारे में कुछ ज्ञान नहीं है। स्वामीजी बोले अरे कोई जरूरी नहीं कि 14 तारीख को ही स्नान किया जाए। उस समय बड़ी भीड़ रहती है। तुम कुछ पहले स्नान कर लो, एक ही बात है।" तो 8 तारीख निश्चित कर ली गई। स्वामीजी बोले कि माता आपके साथ केदार महाराज जाएँगे, वे सब व्यवस्था कर देंगे, आपको कुछ चिंता करने का नहीं। केदार महाराज स्वामीजी के सेवक थे। मैं तो बड़ी ही प्रसन्न हो उठी। मैंने स्वामीजी को कहा कि स्वामीजी मेरा मन वहाँ

कंगालों को भोजन कराने का है तथा गरीबों को जाड़े में ओढ़ने के लिए 51 मोटे खेस भी वितरण करने की इच्छा है। सुनकर स्वामीजी खुश हुए, बोले, केदार सब इंतजाम कर देगा। इतनी सरलता से गंगा सागर की यात्रा का प्रबंध हो जाएगा मुझे उम्मीद नहीं थी।

आठ जनवरी को भोलासिंह ड्राइवर, झटक बहादुर दरबान और मुक्ता को साथ ले सवेरे ठीक चार बजे हमारी कार रासविहारी एवेन्यू आश्रम पर पहुँच गई। वहाँ से केदार महाराज को ले हम लोग गंगा सागर को चल पड़े। रास्ता काफी लंबा। लगभग तीन-चार घंटे चलकर हम लोग उस जगह पहुँचे, जहाँ से फेरी से समुद्र पार करना होता है। जाड़े की गुनगुनी धूप निकल आई थी। यहाँ हमें कार छोड़नी थी। ड्राइवर ने लिखा-पढ़ी करके कार जमा की। खूब चहल-पहल हो रही थी। सुबह-सुबह का ताजा खजूर का रस बेचनेवाला आग्रह करने लगा तो वह भी पिया। एकदम ठंडा-ठंडा, मीठा-मीठा स्वादिष्ट रस था। फिर हम एक फेरी में बैठे। उसने पंद्रह, बीस मिनट में हमें दूसरी पार पहुँचा दिया। उधर सेवा आश्रम संघ की गाड़ी हमारी प्रतीक्षा कर रही थी। मैंने सोचा था कि कार होगी, पर वह तो मिनी ट्रक थी। खैर, उसी में हम बैठ गए। यहाँ से गंगा सागर साठ किमी. था। रास्ते में सुबह की फर्राटेदार हवा में सिमटे-सुकड़े सब ट्रक में बैठे थे। पर मन खूब आनंदित था। केदार महाराज रास्ते में कहानियाँ सुनाते आए। मुक्ता बड़ी प्रसन्न थी। वह कलकत्ते में घर का काम करनेवाली नौकरानी थी। मुझे 'मामीजी' कहती थी। बोली, अरे मामीजी यही तो मेरे गुरु हैं (स्वामी प्रणवानंद की मूर्ति देख) और मुझे अनेक धन्यवाद देती रही। बातचीत करते गंगा सागर लगभग दस बजे पहुँच गए। आशा के विपरीत आश्रम तो बहुत बड़ा और भव्य निकला। हमें ऊपर की मंजिल में एक बड़ा कमरा मिला, जिसमें मैं और मुक्ता ठहर गए, केदार महाराज आश्रम के अपने कमरे में चले गए और झटक बहादुर और ड्राइवर भी नीचे कमरों में ठहर गए। हमने अभी सामान रखा ही था कि एक लड़का आकर बोला, जल्दी करिए स्नान को जाने की, वरना कंगाली भोजन को देर हो जाएगी। जल्दी-जल्दी हमने कपड़े और पर्स उठाया और चल भागे। समुंदर तो दूर है, कैसे जाएँगे, मैंने लड़के से पूछा तो वह बोला,

रिक्शे से ले चलेंगे। मैं निश्चिंत हो गई। नीचे आकर मैंने कहा रिक्शा बुलाओ तो उसने सामने खड़ा सब्जी बेचनेवाला ठेला दिखाकर कहा, "वह है तो।" मैं तो थोड़ी देर को बड़ी झिझकी, फिर मैंने सोचा सभी इसमें बैठकर जा रहे हैं तो फिर क्या बात है! हम लोग उस ठेले में बैठ गए। दो जने उसे ढकेलते हुए बड़े मजे से समुंदर तक ले गए। बड़ा आनंद आया। रास्ते में आते-जाते लोग एक-दूसरे को हाथ हिला-हिलाकर विश करते जा रहे थे। कपिल मुनि का आश्रम पड़ा। समुंदर पर पहुँचकर हम उतर पड़े और स्नान की तैयारी करने लगे। वहाँ मौजूद पंडितजी ने बहुत अच्छी पूजा कराई, अच्छी तरह स्नान किया। बड़ा ही आनंद आया। दूर-दूर तक फैले शांत समुद्र में हल्की-हल्की लहरें उठ रही थीं। बड़ी-बड़ी लहरें नहीं थीं। हाँ, पानी के जहाजों के चलने के कारण पानी में तेल था। पर हम तो इस समय और ही मूड में थे। सबकुछ भूलकर प्रकृति का आनंद ले रहे थे। इतने में आश्रम से समाचार आया कि जल्दी पहुँचें कंगाली भोजन के लिए। तब हम जल्दी-जल्दी ठेले पर बैठकर आश्रम को वापस भागे। वहाँ जाकर देखा कि मंदिर के विशाल वरामदे में लोगों की लंबी कतार बैठी हमारी प्रतीक्षा कर रही थी। हमको ही सबसे पहले परोसना था। सो मैंने जाकर तुरंत खिचड़ी का प्रसाद परोसना प्रारंभ कर दिया। फिर दूसरे लोगों ने मुझसे खिचड़ी की बाल्टी ले ली और परोसने लगे।

इतने सुंदर ढंग से इतने सारे लोगों के भोजन की व्यवस्था हो जाएगी, मुझे विश्वास नहीं हो रहा था। सभी का भोजन हो जाने के बाद मैंने भी भोजन किया। इस समय मैं सबकुछ भूलकर एक आनंदमयी दुनिया में आ गई थी। कोलाहल से दूर।

बहुत शांति थी। फिर मैं और मुक्ता ऊपर आराम करने चले गए। दूसरे दिन सवेरे-सवेरे हमें वापस लौटना था, इस कारण समय हमारे पास बहुत कम था। मुझे गंगा सागर गाँव देखना था। तब 3-4 बजे के आस पास एक रिक्शा यानी वही ठेला बुलाकर मैं और मुक्ता घूमने निकले। एक हफ्ते बाद 14 जनवरी को स्नान था, इस कारण मेले की तैयारी हो रही थी। जगह-जगह होगले की झोंपड़ी लोगों के ठहरने के लिए बनाई जा रही थीं, तो कहीं लोग छोटी-छोटी

दुकानें सजाने में लगे थे। कहीं हलवाई अपनी तैयारी में लगे थे, तो कहीं लोग प्लास्टिक की बोतलें और प्रसाद की दुकानें तैयार कर रहे थे। गंगा सागर में बस स्नान के समय ही लोग आते–जाते हैं। हम ठेले में बैठ छोटे से मारर्केट से निकलते हुए बाहर आ गए। मुझे तो गंगासागर का बाहरी गाँव ही देखना था। कहने पर ठेलेवाले ने दो–तीन मठ दिखलाए। इन्हें देखकर मुझे बंगला उपन्यासों में पढ़े मठ याद आ गए वैसा ही वातावरण वैसी ही चंपा, कठहल, केला, आम के वृक्षों की सुगंध, छोटे–छोटे कृष्ण के मंदिर मठों की असली संस्कृति दरशा रहे थे। नाक से भाल तक टीका काढ़े, गले में कंठी धारण किए, सफेद साड़ी में शरीर लपेटे जब मैंने स्त्रियों को देखा तो मुझे फणीश्वर नाथ रेणु का 'मैला आँचल' याद आ गया। बंगाल की खाड़ी से आती ठंडी हवा का आनंद लेते हुए हम पाँच–छह बजे गंगा सागर की सैर कर लौट आए। मन प्रफुल्लित हो उठा। इतनी उम्र हो जाने पर भी, अभी मेरे भीतर का बचपना जिंदा था, बच्चों की तरह सबकुछ देखने–जानने की जिज्ञासा रहती थी। अभी भी मचलती रहती थी।

मुझे चादरें बाँटने की चिंता हो रही थी। रात होने जा रही थी। न जाने कब केदार महाराज बाँटेंगे। फिर आरती का और भोजन का समय हो जाएगा। पर महाराज तो अपने हिसाब से ही बाँटेंगे। उन्हें अनुभव था। जल्दी तो मुझे ही पड़ी थी।

कुछ देर बाद एक लड़का, जो कमरों में यात्रियों को भोजन–पानी आदि सप्लाई करता था, आया और मुझसे बोला, आप उधर मैस में जाकर खाइएगा या कमरे में लाऊँ? मैंने कुछ सोचकर कहा कि मेरा भोजन कमरे में ले आना और मुक्ता वहीं जाकर खाएगी।

कुछ देर बाद लड़का लालटेन जलाकर ले आया और फिर मेरा भोजन और पानी भी ले आया। रात हो चुकी थी। मुझे अब चादरें जल्दी बाँटने की खलबली मची थी। उसके लिए मैं नीचे केदार महाराज को ढूँढ़ने चली गई।

इसी समय एक दिल दुःखाने वाली घटना सुनने को मिली। जब मैं ऊपर आई तो अँधेरा छाया हुआ था, कुछ स्पष्ट दिखाई नहीं दे रहा था। झटक बहादुर और भोलासिंह मेरा इंतजार कर रहे थे। मैंने पूछा क्या बात है? तो वे लोग बोले,

बहूरानीजी दो आदमी आपको खोज रहे हैं। अभी-अभी यहाँ आए थे। उन लोगों ने खाना भी नहीं खाया है और बहुत दुःखी से दिख रहे थे। शायद खाना खत्म हो गया था या किसी कारण उन्हें नहीं मिला, वे भूखे थे। मैं तो चादरें वितरण के लिए जल्दी में थी, सो मैंने झटक बहादुर से कहा, अरे-अरे मेरा खाना रखा है। बुलाओ उन लोगों को और मेरा खाना तुरंत दे दो। मेरी चिंता मत करो और इतना कह मैं केदार महाराज के बुलावे पर नीचे उनके कमरे में चली गई। केदार महाराज फक्कड़ थे, बोले, माताजी आपको यहाँ का हाल पता नहीं है। समय देखकर मैं बाँटूगा। आप बैठिए। तब उन्होंने किसी से कहकर लोगों को बुलाने के लिए कहा। धीरे-धीरे लोग आने लगे। किसी-किसी के तन पर तो कमीज कुरता भी नहीं था। ठंड से सिकुड़ रहे थे। निर्धनता के जीते-जागते प्रमाण! बूढ़े-जवान एक-एक करके आने लगे और चादर ले मुझे दुआ दे-देकर जाने लगे। पचास चादर होती ही कितनी हैं, खत्म हो गईं। जिन्हें नहीं मिलीं, वे निराश होकर वहीं खड़े थे। तब मैं बड़ी सोच में पड़ गई, क्या करूँ, पहले पता होता तो अधिक का प्रबंध करती! कुछ मन में हिसाब लगा मैं महाराजजी से बोली, आप इन्हें रुपए दीजिए। परदेश में मैं भी बहुत अधिक लेकर तो नहीं आई थी। फिर भी केदार महाराज ने जैसा जिसको ठीक समझा, रुपए बाँटे। रुपए पाकर उनके मुँह पर जो संतोष आता, मुझे उससे अधिक आता। बच्चों को दस रुपए भी सौ के बराबर थे। रुपए कम होने लगे तो पाँच-पाँच ही बाँटे। उन लोगों को पाँच ही पचास के बराबर थे। इस प्रकार अंत में वह ठेलेवाला जो, हमें शाम को घुमाने ले गया था, आ गया, कहने लगा माताजी सुबह को मैं ही आपको ले चलूँगा। मैं बोली, भैया हमें तो बहुत जल्दी पाँच-छह बजे निकलना होगा, तुम ऐसे जाड़े में कैसे जाओगे? बोला, मैं रात को ठेले पर ही सो जाऊँगा, पर आपको मैं ही लेकर जाऊँगा, आप किसी को मत कहना। मुझे बड़ी दया आई। दस रुपए की खातिर वह रातभर ठेले पर ही सोएगा। दया से मेरा हृदय द्रवित हो उठा। उसके ले जाने के आग्रह ने मुझे कुछ सोचने का मौका नहीं दिया। केदार महाराज से कहकर मैंने उसे दस रुपए दिलवाए, उसकी खुशी देखने लायक थी। चलते-चलते कहता गया, माताजी किसी को नहीं लेना। बड़ी निर्धनता देखी

दक्षिणी बंगाल के इस क्षेत्र में। केदार महाराज की कुशलता की मैं कायल हो गई, जिस तरह उन्होंने रुपए और चादर वितरण किए।

यह काम हो जाने पर ऊपर आई तो मैंने झटक बहादुर से पूछा कि उन लोगों को खाना दे दिया था? तो वो बोला, नहीं बहूरानी, उन्होंने खाना खा लिया है। आश्रमवालों ने ही दे दिया। पर वे लोग आपसे मिलना चाहते हैं। मैं मन–ही–मन डर गई। कौन हैं? मैं तो यहाँ किसी को जानती नहीं। बहादुर बोला, "दुःखी से लगते हैं और बार–बार आपके कमरे पर आ रहे हैं।" मैं हिम्मत करके बोली, "बुलाओ।" तब वह उन दोनों आदमियों को बुलाकर लाया। अँधेरे में शक्ल–सूरत तो कुछ दिखाई नहीं पड़ रही थी, पर उनकी गाथा सुनकर हृदय व्यथा से भर उठा। उन्होंने जो बताया, वह यूँ था कि बिहार के किसी गाँव के रहनेवाले थे। पत्नियाँ गुजर चुकी थीं और लड़कों ने घर से धक्के मारकर निकाल दिया था। सुनकर बड़ा क्रोध आया और ग्लानि हुई। यह कैसी हवा चली है? शहरों में तो सुना है, पर गाँवों में भी यह हो रहा है। उन लोगों की लाचारी की बातें सुन, मेरी समझ ही में न आए, क्या करूँ? उन्हें सलाह भी दी पर वे इतने थके–हारे हो रहे थे कि उन्हें कुछ भी सूझ नहीं रहा था। सिवा इसके कि मैं रुपयों से कुछ मदद करती, मैं क्या कर सकती थीं। मेरे पास अब बाँट देने के बाद अधिक रुपए भी नहीं बचे थे, पर फिर भी मैंने उनसे हमदर्दी जताई। घर वापस लौट जाने को कहा और याद नहीं मैंने जो बन पड़ा, उन दोनों को दे दिया। उस अँधेरे में भी मुझे दिखाई दे गया, जो आशीर्वाद उन्होंने मुझे दिया, जो एहसान उन्होंने माना। इस समय मेरे मन में रुपए से कोई मोह नहीं रह गया था। कुछ भी मेरे पास होता, मैं बाँट देती। वे लोग जब चले गए तो मैं कमरे में आई। न जाने कैसे वह खाना देनेवाला लड़का फिर आ गया और बोला, माताजी आपका खाना सब ठंडा हो गया, यहाँ कोई गरम करने का साधन नहीं है। मैं बोली, कोई बात नहीं है सब ठीक है, चलेगा। मैंने जब तक खाना खाया, वह वहीं खड़ा रहा। मैं बोली, बेटा तुम बहुत काम करते हो, अब थक गए होगे, जाओ। फिर न जाने क्या हुआ, मैं पूछ बैठी, तुम्हें चादर या रुपए मिले? तो उसने कहा, नहीं मिले। मेरा पर्स खाली हो चला था, फिर भी

मैंने उसे काम करने की बक्शीश और कुछ रुपए अलग से दिए। वह तो इतना प्रसन्न हो उठा कि क्या लिखूँ! बोला, माताजी आप फिर आना, आप जरूर आना और प्यार से उसका बालसुलभ चेहरा दमक उठा। मैं बोली, हाँ-हाँ, मैं जरूर आऊँगी। तब वह गया।

रात हो चुकी थी। सुबह जल्दी जाना भी था और तीसरे पहर की आरती रात में तीन बजे होती थी। सोचा, आरती भी अटेंड कर लूँगी। सो, सोने का प्रयास करने लगी। पर चादर और रुपए लेते नंगे निर्धन लोगों और उन बेटों के धक्के मारकर निकाले गए पिताओं को यादकर तथा ठेलेवाले का आग्रह और इस खाना देनेवाले बच्चे का आग्रह, 'माताजी आप फिर जरूर आना,' मुझे सोने नहीं दे रहे थे।

करवट बदलते-बदलते तीन बजने लगे, आरती की ध्वनि आने लगी तो फिर मैं उठ ही बैठी। मुक्ता भी उठ गई और हम लोग नीचे आरती में चले गए। आरती होते-होते सुबह होने लगी। तब सभी के चेहरे दिखने लगे। बहादुर और भोलासिंह भी आ गए और चलने की तैयारी में ऊपर सामान लाने चले गए।

अब इस यात्रा की जो मन को छूनेवाली, कभी न भूल सकनेवाली बात है, वह यह है। आरती में इस समय लगभग 25-30 लोग होंगे, वे दोनों रातवाले लोग भी थे और बार-बार मुझे आशीर्वाद दे रहे थे, जिन्हें मैंने देखा भी नहीं था, आश्रम के वे लोग भी सब मेरे इर्द-गिर्द इकट्ठे हो गए और बार-बार एक ही आग्रह, 'माताजी फिर आइएगा, माता जी फिर आइएगा।' वे रातवाले लोग तो बेचारे मेरे पास से हटे ही नहीं और अभी भी आशीर्वाद दिए जा रहे थे। ऐसा प्यार, ऐसा आग्रह देख मैं तो भाव-विभोर हो उठी। लग रहा था, जैसे कोई बेटी विदा हो रही हो या सीता-रामजी को बनवासी विदा कर रहे हों! ठेलेवाला सचमुच ठेला तैयार कर शीघ्र चलने को आतुर हो रहा था। ऐसी यादगार मेरी यह गंगा सागर की यात्रा रही। ऐसी भावभीनी विदाई तो मैंने किसी तीर्थ में क्या, कहीं नहीं पाई। चलते-चलते ठेलेवाला, "माताजी फिर आइएगा, फिर आइएगा" कहना नहीं भूला। जब तक हम फेरी में बैठ नहीं गए, वह खड़ा देखता ही रहा।

□

जब मेरी बहन के सिर पर कौआ बैठा

हमारा भारत देश जितना विशाल है, उतनी ही विशालतम है इसकी मान्यताओं की और परंपराओं की संख्या। हर प्रांत और प्रदेश की विचित्र-विचित्र हैं। ऐसी ही एक विचित्र परंपरा की घटना मेरे साथ भी घटी।

बात बड़ी पुरानी है। कम-से-कम तीस-पैंतीस वर्ष तो बीत ही चुके हैं। हुआ ये कि मेरी चचेरी ननद की दिल्ली में शादी थी। मेरे परिवार को छोड़ घर के सभी लोग यानी मेरी सास, ननद, देवर, ससुर सब जा रहे थे। सारी तैयारी हो चुकी थीं। जाने से पूर्व मेरी सासजी ने पीछे करने के लिए कामों की लिस्ट बनाकर मुझे थमा दी। बार-बार ठीक से देखभाल करने की हिदायतें देती जा रही थीं। काम भी अनेक थे। बाग-बगीचा, गाय-गोरू, दूध, दही ढेर सारे नौकर-चाकर, बड़े घर का बड़ा प्रबंध, सब का खयाल करने की बार-बार चेतावनी देती जा रही थीं। उनका अनुशासन बड़ा सख्त था। मैं सहमति में हाँ-हाँ करती जा रही थी। सब समझा-समुझकर निश्चित ही हुई थीं कि मेरे मायके से मेरे छोटे भाई का पत्र आ गया। पत्र से यह निष्कर्ष निकला कि मुझसे छोटी, तीन बच्चों की माँ, मेरी छोटी बहन नहीं रही और अम्मा-पिताजी वहाँ चले गए हैं। मुझको काटो, तो खून नहीं, मेरी ऐसी दशा हो गई कि लिख नहीं सकती। कुछ देर तो मैं किंकर्तव्य विमूढ़-सी हो गई। फिर मेरा रोना चालू हो गया। कहाँ तो मैं अपनी सास की अनुगामिनी बनी कार्यभार ले रही थी। यात्रा की तैयारी कराने में जुटी थी। कहाँ से यह एकदम वज्रपात ही मुझपर हो गया! रोते-रोते मैं बेहाल होने लगी। घर के लोग भी अचानक आई इस विपदा से परेशान मुझे धीरज देने समझाने-बुझाने का प्रयत्न करने लगे। पर

मेरा मन लौट-घूमकर अपनी मृत बहिन के दुःख में ही डूबने लगा। बस एक ही विचार मेरे मन में बैठ गया कि मुझे जाना चाहिए। समस्या यह भी आ पड़ी कि घर के सारे लोग गाड़ी में बैठने ही जा रहे थे, पीछे कोई ऐसा नहीं बचा था, जो सारे घर की व्यवस्था तथा मेरे छोटे बच्चों की व्यवस्था को सँभाल सकता। मेरे पति बार-बार मुझे समझाने की चेष्टा करते कि देखो जो होना था, वह तो हो गया। तुम जरा धीरज धरो। कुछ समय बाद में चली जाना, पर मेरी समझ में कहाँ आनेवाला था! मुझे अपनी विवशता पर क्रोध आने लगा। सदा से अपनी इच्छाओं को दूसरों की खुशी की खातिर खुशी-खुशी बलिदान करती आई, आज मैं अपनी न जा सकने की बात पर एकदम ही बिफर उठी। रोते-रोते अंदर जाकर अपने पतिदेव को उलाहना देती हुई बोली, "अगर आप की बहन को कुछ हो जाता तो सब लोग शादी-वादी छोड़कर उधर ही दौड़ पड़ते। मेरी बहन का, मेरा किसी को भी खयाल नहीं है।" पति बेचारे निरुत्तर! क्या करें, क्या न करें? एक तरफ तो दुःख में मेरा बुरा हाल हुआ जा रहा था, बार-बार यही सोच सताने लगा कि बहन के छोटे-छोटे बच्चों को कौन पालेगा? कैसे क्या होगा? दूसरी तरफ यह भी सोचने लगी कि मैं चली गई तो पीछे मेरे बच्चों को कौन सँभालेगा? सबसे छोटा बेटा तो तीन वर्ष का ही था। उधर हमारी फैक्टरी की कॉलोनी में यह खबर तेजी से फैल गई कि बहूरानी की छोटी बहन की मृत्यु हो गई। अब क्या था, शोक व्यक्त करने के लिए स्त्री और पुरुषों का ताँता लग गया। स्त्रियाँ मुझे घेरकर बैठ गईं। कैसे हुआ? क्या हुआ? कब हुआ? हाय! यह कोई उम्र थी जाने की? अरे हाय! छोटे-छोटे बच्चे रह गए! दूसरी आएगी, जाने कैसे बच्चों को रखेगी? हे भगवान् ऐसा किसी के साथ न हो। सौतेली तो सौतेली ही होती है। और साहनुभूति में कोई सचमुच और कोई झूठ-मूठ दिखावे को ही रोने लगी। कुहराम मच गया। मैं लिखना भूल गई, इन दिनों मेरी तबीयत ठीक नहीं चल रही थी, सो एक तरफ तो कमजोरी, दूसरे बहन की मौत का दुःख, तीसरे यह आदमी-औरतों की भीड़ सबसे मैं एकदम निढाल हो गई। किसी तरह सब चले गए तो मेरे ससुरजी मेरी हालत देखकर बोले कि अच्छा, इसे

हम अपने साथ ही ले जाते हैं, मुगलसराय तक तो साथ रहेगी ही, वहाँ से इलाहाबाद के लिए गाड़ी बदल दी जाएगी और मेरे पास आकर बड़े प्यार से तैयारी करने को कह गए। अब उनकी याद आती है तो आँखें भर आती हैं। बड़ा स्नेह करते थे। मेरे जाने की खबर से घर में फिर हड़बड़ी मच गई। मेरी वही दशा कि पीछे बच्चों को कौन देखेगा? मेरे पति बोले, तुम चिंता मत करो, तुम अपनी तैयारी करो। मैं रोती जाऊँ और तैयारी करती जाऊँ। मेरी बेटी नाइंथ क्लास में पढ़ती थी, पर थी बड़ी समझदार। उसने नौकरों से जल्दी-जल्दी तैयारी कराई। अब मुगलसराय पर गाड़ी बदलनी थी तो साथ के लिए कोई चाहिए था। मेरा एक रिश्ते का भाई फैक्टरी में काम करता था, उसी को फौरन बुलाया गया। भरोसेमंद तो था ही और मेरी बहन उसकी भी बहन हुई, सो वह भी शोक में हो आएगा, उसे शीघ्र तैयार किया गया। इधर हमारे पास हॉस्पिटल में एक बँगाली सिस्टर काम करती थी। रात-दिन घर में आती-जाती थी, दवा-दारू करती थी, सो घर जैसी ही हो गई थी। वह बोली, "भाभी, तुमी किछु चिंता कोरो ना, होम शोब शोमाल लेगा—तुमी जाओ चिंता कोरो ना, होम शोब शोमाल लेगा, तुमी जाओ किछु चिंता कोरो न। रात को काहिनी भी सुना देगा टोना टोनी की कहानी", और प्यार की बात सुन बच्चे भी हाँ-हाँ करने लगे। मेरी बेटी मृदुला बोली, "मम्मी घर की चिंता आप मत करिए, मैं सब देख लूँगी।" इस प्रकार मैं सबसे तालमेल बिठाकर इलाहाबाद सबों के साथ चल दी। रास्ते भर कुछ खाया न पिया। अनेक विचारों में डूबी रही। कभी खयाल आता कि स्वतंत्र होती तो दो-एक बच्चों को तो मैं ही पाल लेती, पर मेरी सास क्या पालने देगी, कभी कुछ कभी कुछ, दुःखी दुःख के विचारों में सुस्त उदास सारी यात्रा काटी। आखिर मुगलसराय स्टेशन आया। मैं और मेरा भाई उतर पड़े। बाकी लोग चले गए। हम लोग दूसरी ट्रेन पकड़कर शाम के लगभग चार-पाँच बजे इलाहाबाद पहुँचे। स्टेशन पर किसी के आने का प्रश्न ही नहीं था। उन दिनों इलाहाबाद स्टेशन पर केवल रिक्शा ही मिलते थे। वही लेकर हम घर को रवाना हो गए। घर यूनिवर्सिटी एरिया में था। सच मानिए, ऐसा मृत्यु का आघात मैं पहली बार महसूस कर रही थी। मेरे मन पर

ऐसी मुर्दनी छा गई कि चारों तरफ का कोलाहल, लाउडस्पीकरों पर बजते फिल्मी गाने, बाजारों की रेलम-पेल, लोगों का हँसना-बोलना किसी भी बात का मुझ पर कोई असर नहीं हो रहा था। सुख और दुःख की अनुभूति तो चित्त की स्थिति के अनुसार ही अनुभव होती है। यह रहस्य तो मुझे बहुत बाद में समझ में आया। फिलहाल तो मैं अस्वस्थ, यात्रा से थकी-हारी, दुःख से विह्वल थी। मायके पहुँचने के उल्लास का नामोनिशान भी न था। मेरी प्रतीक्षा में पलक पाँवड़े बिछाए मेरी माँ, पिताजी, भाई, बहन, नौकर-चाकर दरवाजे पर मुझे घेर लेते थे। अब मैं सोच-सोचकर घबरा रही थी कि कैसे मैं उन सबों को बिलखते हुए देखूँगी! इतने में घर आ गया। चारों तरफ नीरवता छाई हुई थी। मैं और भी डर गई। कहीं कोई दिखाई नहीं दे रहा था। मैं गेट खोल अंदर घुसी तो आहट सुन माँ बाहर निकलीं। माँ को देख मुझे बिल्कुल नहीं लगा कि मेरी बहन मरी है! या कहीं शोक घटा है? मेरा सूखा उदास चेहरा, सूजी आँखों और फुफेरे भाई के साथ मुझे अचानक आया देख माँ सकपका गईं, पर पूरी बात वे अपने आप क्षणभर में समझ गईं। उन्होंने मुझे कुरसी पर बैठाला-सँभाला। इससे पहले कि मैं रोऊँ, वे गुस्से में बोलीं कि कहीं कुछ नहीं हुआ, वह ठीक-ठाक है। उसके सिर पर कौआ बैठ गया था, इस कारण दोष मिटाने की खातिर यह खबर कर दी थी। फिर माँ इस दकियानूसी पर गुस्से में बहन के घरवालों को और बहन को बुरा-भला कहने लगीं। मेरी समझ में तो कुछ भी नहीं आया तो अम्मा बोलीं कि उधर मिर्जापुर में यह मान्यता है कि किसी के सर पर कौआ बैठ जाए तो अपशकुन होता है। उसकी निश्चित मृत्यु हो जाती है। उस दोष को मिटाने के लिए उसके माँ-बाप के पास मृत्यु की खबर भेज देते हैं, साथ-साथ पीछे से सही बात की खबर भी भेजते हैं। थोड़ा सा रोना-धोना शोक मनाना होने से दोष नष्ट हो जाता है। यह बेहूदा और बेसिर-पैर की बात सुन मेरे तन-बदन में क्रोध की ऐसी लहर उठी कि मैं थर-थर काँपने लगी। ऐसा गुस्सा मुझे जीवन में शायद ही कभी आया हो, जो कुछ भला-बुरा मेरे जी में आया मैं कहने लगी। दो दिनों से न कुछ खाया था और तबीयत अलग खराब थी। बेआरामी के सफर ने और अपने

बच्चों को मन मारकर जिस-तिस स्थिति में छोड़कर आई थी, ऊपर से अपने पति को चार बात, जो मैं कभी नहीं सुनाती थी, सुनाकर दौड़ी आई थी, उससे मेरा क्रोध में आना स्वाभाविक था। माँ तो बेचारी पहले ही से जली-भुनी बैठी थी, मुझे धीरज बँधाने की चेष्टा करने लगी। पानी-वानी पिलाया तो मेरे साथ आया मेरा भाई भी उस मूर्खता पर कभी व्यंग्य से हँसे तो कभी गुस्सा करे। मेरा छोटा भाई, जिसने चिट्ठी भेजी थी, न वह घर पर था, न पिताजी थे। मेरी दशा देख अम्मा तो बेचारी सहम गईं। उन्होंने ऐसा मेरा क्रोध कभी नहीं देखा था। दूसरा, उन्हें मेरे सास-ससुर का डर लग रहा था कि क्या कहेंगे वे लोग?

इतने में मेरे पिताजी और भाई भी आ गए। पिताजी को मेरे आने की तो उम्मीद थी, पर इतनी जल्दी पहुँच जाऊँगी, ऐसी उम्मीद नहीं थी। मेरा हाल देख वह सब समझ गए। अपना हाथ मेरी पीठ पर शांत होने के लिए रखा, मुझे धीरज देने लगे। धीरे-धीरे मैं शांत हुई तो मैंने असली किस्सा क्या हुआ, पूछा? मेरे पिताजी पुराने खयालों के क्यों न हो, पर इस प्रकार की ऊल-जलूल और हास्यास्पद रीति-रिवाजों के तो कठोर विरोधी ही थे। बोले, जमाना कहाँ से कहाँ पहुँच गया और ये लोग पढ़े-लिखे होकर भी कौन-सी दुनिया में रहते हैं? मूर्ख कहीं के! यह भी नहीं समझते कि ऐसी हरकतों से कितनी परेशानी हो सकती है! बेवकूफ कहीं के! मैं गुस्से में बोली, पिताजी मैं अभी वापस जाऊँगी और सारी आपबीती आदि से अंत तक सुना दी। सुनकर वे बोले, बेटा, अब आ ही गई हो तो दो-चार दिन रहकर चली जाना। मैं बोली, "नहीं, मैं जल्दी-से-जल्दी जाऊँगी" और अपने भाई से बोली कि जिस क्लास की भी टिकट मिले, ले आए। मुझे अपने पति की बात न मानने और बच्चों को ऐसे ही छोड़कर आने का बड़ा दुःख था। मेरे पिताजी मेरी जिद देखकर बोले "अच्छा टिकट तो आ जाएगी, तू उठ और कुछ खा-पी।" जब कुछ शांति आई तो मैंने पिताजी से पूछा कि अब आप बताइए ठीक-ठीक कि क्या बात हुई? तब उन्होंने निम्नलिखित कहानी बताई:—

एक पोस्टकार्ड आया कि आपकी बेटी का देहांत हो गया है। पोस्टकार्ड मेरे भाई के हाथ में पड़ा। बिना किसी हारी-बीमारी और पूर्व सूचना के यह

समाचार पाकर उसके छक्के छूट गए। पिताजी बैंक गए हुए थे। उसने बिना इंतजार किए शीघ्रता से एक आदमी बैंक दौड़ा दिया। बैंक में यह खबर पाकर मेरे पिताजी नर्वस हो गए और सिर पकड़कर धम से जमीन पर बैठ गए। बोले, "हे भगवान्, ये बुढ़ापे में मेरे किन पापों की सजा मिल रही है?" जैसे-तैसे लोगों ने उन्हें घर भेजा। घर पर रोती हुई माँ मिली। जल्दी-जल्दी दोनों ने दो-चार कपड़े बैग में डाले और बिना खाए-पिए मिर्जापुर दौड़े। इस समय कोई गाड़ी का समय नहीं था, बेचारे खटारा बस में ही चल दिए। भूखे-प्यासे झटखोले खाते किसी प्रकार मिर्जापुर पहुँचे। वहाँ से फिर रोबर्ट्सगंज के लिए बस पकड़ी, छोटी जगह है और मेरे बहनोई वहाँ पर एक्जीक्यूटिव इंजीनियर थे। बड़े अफसर थे, यह सोचकर मेरे पिताजी ने बस के यात्रियों से डरते-डराते पूछा कि भाई किसी ने इंजीनियर साहब की कोई खबर सुनी है? सभी ने नकारात्मक उत्तर दिया। इसी दौरान मेरे भाई ने मुझे पत्र डाल दिया। खैर, बस रोबर्ट्सगंज पहुँची तो दोनों जने सहमते हुए से उनके बँगले की तरफ चले। पर देखते क्या हैं कि मेरी बहन तो पेड़ों में पानी दे रही है, उन्हें पहले तो अपनी आँखों पर विश्वास ही नहीं हुआ। उनकी समझ ही में नहीं आया था कि क्या गोरख धंधा है? झूठी खबर और भूखे प्यासे होने के कारण अब उन्हें जो क्रोध चढ़ा तो मेरी बहन तो डरके मारे भीतर ही भाग गई। मेरी माँ ने बताया कि पिताजी का हाल तो मेरे से भी ज्यादा बढ़कर हुआ। गुस्से में भरकर क्या-क्या खरी-खोटी उन्होंने नहीं सुनाई, जब पिताजी को कौआ बैठने की बात बताई गई, तब तो वे आपे से ही बाहर हो गए। अब तक मैं भी गुस्सा भूल-भालकर हँसने लगी थी। फिर क्या हुआ, मैंने पूछा तो बोले, होता क्या? वहाँ उस क्षेत्र की यही मान्यता, परंपरा है। नौकर-चाकरों ने जबरदस्ती पोस्टकार्ड लिखवाकर डाल दिया। साथ में एक दूसरा पोस्टकार्ड भी, सब खैरियत हैं का डाल दिया। पर मेरे भाई ने दूसरा पोस्टकार्ड मिलने से पहले ही मुझे खबर कर दी और इतना बड़ा कांड हो गया। अब हम सब हँसते भी जाएँ और गुस्सा भी करते जाएँ की हालात में पहुँच गए। आगे की कहानी में फिर मेरी बहन ने भूखे-प्यासे अम्मा-पिताजी को बढ़िया-सा खाना बनाकर खिलाया। इतने

में हमारे बहनोई भी आ गए। वे जरा फक्कड़ मिजाज के हैं। सारी शिकायत सुनकर हँसते हुए बोले, अरे इसमें नाराज होने की क्या बात है? यह सब तो होता ही रहता है। दामाद थे, इस कारण मेरे पिताजी अंदर-ही-अंदर गम खाकर रह गए। पर कितने ही दिनों तक मेरी और अपनी परेशानी तथा उनकी मूर्खता को उन्होंने माफ नहीं किया। यह रही कौआ बैठने की दास्तान!

मैं बहुत रोकने पर भी नहीं रुकी। दूसरे दिन पता नहीं, किस गाड़ी से बिना रिजर्वेशन के थर्ड क्लास में ही अपने भाई के साथ चल दी। जनवरी का महीना था। ठंड कड़ाके की पड़ रही थी। नाक-कान सब जमे जा रहे थे। शॉल में लपेटने पड़ रहे थे। जिस डिब्बे में जगह मिली, वह एक लंबी सी बोगी थी। लोग मोटी-मोटी रजाइयाँ ओढ़े यहाँ से वहाँ तक दुबके पड़े थे। डिब्बा, डिब्बा न लगकर मुसाफिरखाना लग रहा था। किसी प्रकार जगह कर-कराकर मेरे भाई ने मुझे तो सीट पर बैठा दिया, पर आप किसी के सामान का सहारा लेकर बैठ गया। गाड़ी चल पड़ी। इस मुसीबत की ठंड और बेआरामी की यात्रा में भी कुछ मनोरंजक अनुभव मुझे हुए कि मेरा भारी मन हल्का हो गया। ऐसे वार्तालाप फर्स्ट क्लास या एयर कंडीशन कंपार्टमेंट में सुनने को नहीं मिलते हैं। रजाइयों में लेटे-लेटे लोग बतियाते भी जा रहे थे। कौन कहाँ का है? कहाँ जा रहा है? इस बार ठंड तो भाईसाहब कड़ाके की पड़ती लग रही है? आदि-आदि। किसी ने पूछा, भाईसाहब अच्छा खाना कहाँ मिलेगा? बस खाने की बात चलते ही रजाई में से कोई बोला, अच्छा वच्छा क्या बस मिल जाएगा। अगले स्टेशन पर देख लेना। फिर दूसरी रजाई से कोई बोला, अरे भाई एक जमाना था। किलनर में एक खानसामा था। क्या शानदार गोभी आलू की सब्जी बनाता था। दूसरा भी हाँ में हाँ कर रहा था। अरे साहब देशी घी का खाना होता था। क्या स्वाद होता था, करारे पराठे का आहा, अब कहाँ! भई अंग्रेजों का जमाना था। कुछ भी कहो, अंग्रेज साले अंग्रेज ही होते थे। क्या अदब कायदे से रहते थे। सब काम अपटूडेट होता था। अब तो साला घासलेट का खाना, वह भी उल्टा सीधा मिल जाए तो बहुत है। सब चौपट है अब तो। मैं इस चर्चा को सुन उस हालत में भी हँसने लगी। ट्रेन की धड़र-

धड़र में उनकी मनोरंजक बातें सुनते-सुनते मेरा मन हल्का हो गया था। मेरे पहुँचने से पहले ही कुशल समाचार घर पहुँच चुका था। दूसरे दिन मैं घर पहुँची तो हँसते हुए पतिदेव ने स्वागत किया, बच्चे आकर लिपट गए। पति बोले, लो सँभालो अपने बच्चों को और घर को। पूछ लो तुमसे अच्छी तरह रखे या नहीं? बच्चे हाँ-हाँ करते हल्ला करने लगे। मेरी बेटी ने जिस तरह घर सँभाला, तारीफ के योग्य था। अभी भी वह बहुत निपुण है। नौकर-चाकर सब इकट्ठे हो गए। हमारे यहाँ मेरे पिताजी के भेजे कई मिर्जापुरिये दरबान और नौकर थे। वे भी खीसें निपोरते आ खड़े हुए, हाँ-हाँ साहिब, उधर ऐसा ही रिवाज है। चारों तरफ शोर मच गया 'बहूरानी आ गईं, आ गईं।' उनकी बहन के सर पर कौआ बैठ गया था। वहाँ कुछ नहीं हुआ था। इस कौए की कहानी ने सालों तक पीछा नहीं छोड़ा। जब भी वह बहन मिलती है, सब उसके पीछे अभी भी पड़ जाते हैं और खूब हँसते-हँसाते हैं। ऐसी बेढंगी-बेढंगी मान्यताएँ और परंपराएँ हमारे देश में हैं।

□

एहसास

हमारे जीवन में रोज कुछ-न-कुछ घटनाएँ होती रहती हैं। कालांतर में हम उन्हें भूल भी जाते हैं। पर कोई-कोई मन-मस्तिष्क में जमकर बैठ जाती हैं और हम उन्हें भूल नहीं पाते। ऐसी ही एक छोटी सी घटना का यहाँ जिक्र कर रही हूँ, जो सदा मुझे मेरी गलती का एहसास कराती है।

एक बार मैं अपने पोते रोहन को देहरादून से लेकर हरिद्वार आई। वह देहरादून के एक अंग्रेजी स्कूल में पढ़ता था और उसी के बोर्डिंग में रहता था। मेरा मन उसके साथ कुछ समय बिताने एवं कुछ आनंद मनाने तथा उसे अपने धार्मिक संस्कारों से परिचित भी कराने का था। हम दोनों ने हर की पौड़ी पर स्नान किया, पूजा की, फिर हलवाई की दुकान पर गरमागरम पूड़ी-साग खाया। शाम को गंगाजी की आरती होती है, मैंने उसी के हाथों अनुष्ठान कराया—दीपदान किया और दोनों ने मेले तमाशे का खूब आनंद उठाया। दूसरे दिन सुबह फिर हम दोनों हर की पौड़ी पर घूम-घूमकर तरह-तरह के दृश्यों का आनंद ले रहे थे कि मैंने देखा, जगह-जगह गरीब साधु संन्यासियों को लोग भोजन वितरण कर रहे हैं। बस मेरे मन में भी रोहन के हाथों से भोजन बँटवाने की इच्छा हुई। ऐसे ही तो हमारे संस्कार पड़ते हैं। वरना बोर्डिंग में रहनेवाले बच्चों को कहाँ उपलब्ध होते हैं यह क्षण, वह भी अंग्रेजी स्कूलों में! खैर, जरा सी देर में व्यवस्था भी हो गई। मुझे जो काम कठिन लग रहा था, हलवाई ने मिनटों में सरल कर दिया। वह बोला, आप केवल बच्चे को लेकर खड़ी हो जाइए हम आपके हाथों में पकड़ाते जाएँगे, आप बाँटती जाइएगा। दस मिनट भी नहीं लगे कि हलवा-पूड़ी और साग की

व्यवस्था हो गई। लाइन में लगे लोग एक-एक करके आने लगे और मैं रोहन के साथ उन्हें देने लगी। इनमें बूढ़े, बीमार, निर्धन, स्त्री, पुरुष, साधू, संन्यासी और मैले कुचैले-भिखारी ही थे। इन दरिद्रनारायणों के बीच अचानक एक अच्छा-भला, साफ कपड़े पहने एक जवान आदमी भी माँगने के लिए हाथ पसारकर खड़ा हो गया। भिखारियों के बीच इस अच्छे-भले आदमी को देख न जाने कहाँ से मेरे अंदर का छिपा अहंकार और सुधारवाद मेरी दया-माया के परदे को चीरकर ऊपर आ गया। चेहरे पर विरक्ति और घृणा का भाव भरकर मैं बोल पड़ी, "अरे तुम तो अच्छे भले, हट्टे-कट्टे हो? कुछ काम क्यों नहीं करते? माँगकर खाने में लज्जा नहीं लगती है?" वह भरी सभा में जैसे नंगा हो गया हो। एकदम सकपकाकर मेरा मुँह देखने लगा। एक प्रकार से लाचारी और क्षोभ से उसका चेहरा काला ही पड़ गया। उसका बढ़ा हाथ बढ़ा ही रह गया। इतने में पीछे खड़ा हलवाई बोल पड़ा, "अरे बहनजी, आप जिस भावना से खिलाने चली हैं, खिलाती जाइए। कौन क्या है? कैसा है? मत सोचिए। कोई मजबूर भूखा ही आएगा तीर्थ में माँगने।" पलभर में यह सब घट गया। एक मामूली से हलवाई की सरल और अर्थपूर्ण बात मेरे अंतर में नीचे तक उतर गई। न जाने कब उन बढ़े हाथों पर यथावत् मैंने हलवा-पूड़ी रख दिया। पर उस व्यक्ति का अपमान और लाचारी से बेबस चेहरा मैं नहीं भूल पाती। मैं सदा उस व्यक्ति के आगे अपने को कसूरवार महसूस करने लगती हूँ। अपने मन में दया और करुणा के रहते हुए भी मैं यह कैसे भूल गई थी कि माँगने की विवशता किसी पर भी कभी भी आ सकती है? भगवान् के सामने न जाने कितनी बार क्षमा प्रार्थना कर चुकी हूँ अपने उस अपराध के लिए, पर भूल नहीं पाती।

□

आशीर्वचन

बात है तो छोटी सी ही पर अपने मन को छूनेवाली है। यही बातें स्मृतिपटल पर अंकित रह जाती हैं। यह बड़ी पुरानी घटना है। एक बार हम काफी सारे लोग कलकत्ते में इकट्ठे थे। शाम को चाट खाने का प्रोग्राम बना। दो अंबेसडर गाड़ी भरकर आठ-दस जने तो थे ही। उन दिनों लाइट हाउस सिनेमा के पास भी चाट मिलती थी। अब तो पता नहीं। दही की कचौड़ियाँ, छोले, पुचके और झालमूड़ी आदि वाले फुटपाथ पर ही अपने खोंमचे सजाए रहते थे। सो सब लोग उस दिन वहीं गए। भीड़-भाड़ भरे बाजार में सब लोग उतरकर अपनी-अपनी पसंद के पत्ते बनवाने लगे। चटपटी चाट चीज ही ऐसी है कि लोग पत्ते चाट-चाटकर खाते हैं। उस दिन मेरी तबीयत ठीक नहीं थी, इस कारण मैं तो कार से उतरी ही नहीं, बस वहीं से बैठे-बैठे सभी को मजे से खाते-पीते देख रही थी। मैंने अपने लिए कुछ भी ऑर्डर नहीं दिया, पर फिर सभी के बहुत आग्रह करने पर झालमूड़ी का ऑर्डर मैंने दे दिया। जिन्होंने कलकत्ते की झालमूड़ी खाई है, वही जानते हैं कि कितनी स्वादिष्ट होती है। मुझे भी बहुत अच्छी लगती है। पर जब मैंने झालमूड़ी चखी तो वह बिल्कुल भी अच्छी नहीं लगी मुझे। दो एक चम्मच खाकर ही मैंने रोक दी। एक बात बताना भूल गई कि वहीं किनारे पर कुछ कोढ़ी भिखारी अपने ठूँठ से हाथों में एल्युमीनियम की बाल्टी लटकाए बैठे रहते थे। लोगों से जो चाट नहीं खाई जाती थीं तो बची हुई जूठी चाट के पत्ते उन भिखारियों को दे देते थे। वे लोग बड़े चाव से लेकर खाने लगते। मैंने भी ड्राइवर को बुलाकर कहा कि मुझसे नहीं खाई जा रही है। तुम किसी को दे

दो। एक भिखारी कुछ अलग सा खड़ा था और उसके पास कुछ खाने को भी न था। ड्राइवर ने मेरा भरा पत्ता उसी भिखारी को देना चाहा। मैंने देखा कि उसने पत्ता नहीं लिया और विनम्रतापूर्वक मना कर दिया। मैं तो उधर ही देख रही थी, सो मैंने ड्राइवर को इशारे से बुलाया, तो वह भिखारी भी चला आया। मेरे पूछने पर कि क्या बात है ? ड्राइवर बोला कि बहूजी, वह जूठा नहीं लेता। मेरी जिज्ञासा बढ़ी तो वह लाठी टेकता भिखारी हाथ जोड़कर बोला, "मेमसाहबजी, मैं जाति का ब्राह्मण हूँ। दुर्भाग्य से यह बीमारी मुझे हो गई है। आप देना चाहती है तो नया बनवाकर दे दें।"

मैं अति संवेदनशील और दूसरे के दुःख से बड़ी जल्दी कातर हो उठती थी। भिखारी की बात सुनकर मुझे उस पर बड़ी दया आई और मेरे मन में इसके साथ यह जल्दी पड़ी कि कैसे ही जल्दी से इसको एक पत्ता बनवाकर दे दूँ, पर साथ में यह भी लग रहा था कि कहीं सब लोग जल्दी से चल न दें! सो मैंने ड्राइवर को एक नया पत्ता जल्दी-से-जल्दी बनवाकर उसे देने को कहा। ड्राइवर को भी लग रहा था कि साहब लोग चाट खा चुके लग रहे हैं, कहीं देर न हो जाए, तो वह भिखारी बोला, रहने दीजिए मेमसाहब, रहने दीजिए। पर मेरे ऊपर तो भावुकता चढ़ गई थी। मैंने ड्राइवर को हड़काया, अरे जल्दी जाओ, जल्दी करो। भाग्य से हमारे पतिदेव अपनी मनपसंद का मगही पान बनवाने में लग गए, सो कुछ समय मिल गया। बाकी लोग खा-खाकर मटरगश्ती करने में लगे थे। मुझे एक ही धुन लगी थी कि कैसे ही सब लोग थोड़ी देर लगाएँ और झालमूड़ी बन जाए! पर आप जानते हैं, झालमूड़ी में न जाने कितने सामान पड़ते हैं, कितनी ही जल्दी करो, कुछ समय तो लगता ही है। इतने में सब लोग आ-आकर गाड़ी में बैठने लगे। ड्राइवर खोंमचेवाले से जल्दी-जल्दी कराने में लगा था। मेरी भी व्यग्रता बहुत बढ़ रही थी। यह सब वह भिखारी देख रहा था। बैठनेवाले शोर मचाने लगे, जल्दी बैठो-जल्दी बैठो। किधर है ड्राइवर-ड्राइवर हॉर्न मारने लगे। मुझे पता था कि इस बात को कोई भी महत्त्व नहीं देगा और यह झालमूड़ी मैं इस आदमी को ही न दे पाऊँगी। वैसे भी किसी को यह बात पता भी नहीं थी, अगर पता होती तो

शायद लोग रुक जाते। ढेर सारे लोग थे, सबों को जल्दी थी, सिनेमा जाने की और मुझे अपनी जल्दी थी।

खैर, भागते-दौड़ते ड्राइवर ले आया। मैंने झटाक से गाड़ी का दरवाजा खोला और शीघ्रता से प्रेमपूर्वक उसके बढ़े हुए हाथों पर दौना रख दिया। उसने हाथ में पकड़ा, मैंने जैसे चैन की साँस ली। शीघ्रता से दरवाजा बंद करने लगी, तो उसने मेरे ऊपर आशीर्वचनों की वर्षा ही कर दी। क्या चीज थी, वह पत्ताभर झालमूड़ी, जिसके बदले उसने मुझे आशीर्वादों के अमृत से नहला ही दिया। मैंने आशीर्वाद देते अनेकों लोग देखे और सुने, पर उसने जो चुने हुए आशीर्वचन कहे, वह भी शीघ्रता में, जैसे स्वतः उसके रोम-रोम से फूट रहे हों। पलभर में उसने मेरे लिए दो-चार रुपयों की मूढ़ी के बदले सुख, सौभाग्य, यश, वैभव, बाल-बच्चों की सुखद कामना, सभी कुछ से मुझे लाद दिया। जब कभी भी सोचती हूँ कि मुझे जीवन में बहुत कुछ मिला, तो उस मनुष्य की मुझे सदा याद आ जाती है। मेरे पिताजी सदा कहते थे, बेटा, दुआ में दवा से अधिक असर होता है। जैसा भी हो, उसके बोल मेरे मन-मस्तिष्क में ऐसे गहरे बैठ गए कि मैं भूल ही नहीं पाती उस भिखारी को और उसके आशीर्वादों को।

□

बच्चेचोर

हमारे छोटे से गाँव या कहिए कि छोटी सी टाउनशिप में, अचानक खबर फैल गई कि बच्चे चुरानेवाले आ गए हैं। फिर क्या था, जंगल की आग की तरह एक छोर से दूसरे छोर तक यह खबर फैल गई। जिसे देखो, वही बस एक-दूसरे को सावधान करने में लग गया। डर के मारे हर माई-बाप अपने-अपने लालों की सुरक्षा में जुट गए। स्कूल जाएँ तो साथ में बाबूजी जा रहे हैं, किसी के डैडी तो किसी की मम्मी जा रही हैं। स्कूल की छुट्टी से पहले स्कूल के गेट पर भीड़ लगने लगी। हैडमास्टर साहब को कड़ी हिदायत दे दी गई कि गेट बराबर बंद रखें और किसी बच्चे को अकेले न जाने दें। लोग हर नए आने-जानेवाले को शंका की नजरों से देखते कि कहीं बच्चा पकड़नेवाला तो नहीं है! अजीब दहशत छा गई। जहाँ जगह-जगह कॉलोनी में बाजार में बच्चे खेलते-कूदते दिखाई देते, वहाँ सब नदारद। सब अपने बच्चों को घर के अंदर आँखों के सामने ही रखते। चारों तरफ सन्नाटा रहने लगा। लोग भी चंडूखाने की खबर फैलाने में कौन से कम होते हैं! कोई कहता, अरे आज मैंने दो साधु देखे हट्टे-कट्टे मुसटंडे। दूसरा कहता अच्छा वो रेल के फाटक के पास, हाँ-हाँ कल मैंने भी देखे थे। कोई कहता, अरे ये साधु के भेष में ही आते हैं। आज से थोड़े ही जब हम छोटे थे, तभी से आते हैं। साधु होकर भीख माँगते हैं और मौका देखते ही अकेले बच्चों को पकड़कर कुछ सुँघाकर बेहोश कर लेते हैं। फिर बोरे में भरकर ले जाते हैं। डरकर लोग एक-दूसरे का मुँह देख-देखकर अनुमोदन कर कहते कि ऐसे ही तो ये लोग अपने चेले-चपाटे बनाते हैं।

अब जो कोई साधु-संन्यासी गाँव में आता, लोग उसके पीछे सी.आई. डी. की तरह लग जाते हैं। एक दिन किसी ने देखा कि दो साधु रिक्शा में बैठकर जा रहे थे और उनके पैरों के पास भरी हुई बोरी रखी हुई थी। छोटा सा तो बाजार, कोई बात छिपी नहीं रह सकती थी।

अब इत्तफाक देखिए कि दूसरे दिन बच्चा बाबू का लड़का लापता हो गया। अब क्या था? कोई है, अरे अमुक समय तक तो मैंने उसे देखा था, कोई कहे, मैंने अपनी आँख से उसे हलवाई की दुकान पर देखा था। माहौल बच्चा चोरी का था ही, सो बच्चा बाबू के घर में कुहराम मच गया। कोई बोला, कहीं वो जो दो साधु जा रहे थे, वही तो लड़के को नहीं ले गए? रिक्शे में मैंने अपनी आँखों से उनके पैरों के पास बड़ी सी बोरी रखी देखी थी। उसी में बेहोश करके ले गए होंगे। पुलिस जिस-तिस की खाना तलाशी लेने लगी। सारे गाँव में अफरा-तफरी सी मच गई। पर दूसरे दिन भी लड़का नहीं मिला।

अब सबसे दिलचस्प बात यह हुई कि उसी दिन गाँव के साहूकार की माँ की तेरहवीं का भोजन था। साधुओं और सारे गाँववालों के भोजन की व्यवस्था थी। अनेक लोग खिलाने-पिलाने की व्यवस्था में लगे हुए थे कि किस्मत के मारे वे दोनों रिक्शे में जानेवाले साधु भी भोजन के लिए आ गए। अभी वे गाँव में घुसे ही थे कि ताक में बैठे लोगों ने उन्हें पहचान लिया और पकड़कर उनकी धुनाई शुरू कर दी। साधुओं को बोलने का मौका तक कोई नहीं दे रहा था। पकड़ों सालों को, मारो सालों को, बताओ कहाँ है लड़का और जो आता, वही "मारो-मारो, भागने न पाएँ साले" कहता। साधु हक्के-बक्के बोले कौन सा लड़का, कैसा लड़का? अच्छा पाखंडी, अनजान बनते हो? और दोनों साधुओं की बाँहें मरोड़ डालीं। साधु बेचारे हाय-हाय चीखने-चिल्लाने लगे। पर नक्कारखाने में उनकी तूती किसे सुनाई देती? बाजार में भीड़ लग गई। दारोगा आ गया। साधु हाथ जोड़ने लगे, साहब हम तो साधु हैं। हम तो नहीं जानते कौन-सा लड़का? पर भीड़ तो अड़ी थी कि ये बच्चाचोर हैं। बड़ी मुश्किल से अपना डंडा घुमाकर भीड़ पीछे कर दारोगा ने साधुओं को पूछताछ के लिए अपनी हिरासत में लिया। तब कहीं साधुओं को साँस लेने

की फुरसत मिली। तहकीकात के बाद दारोगा, को जब विश्वास हो गया कि वे सचमुच साधु ही हैं और भोजन की सुनकर आए थे, उसने उन्हें छोड़ दिया। साधु सिर पर पैर रखकर भागे।

अगले दिन पता चला कि बच्चा बाबू के सुपुत्र आ गए। बसवाला बस के अड्डे पर उसे उतारकर चला गया कि कल वह बस पर चढ़कर चला गया था। अच्छी रही, ऐसा भोज खाने आए साधु कि उन्हीं को लेने के देने पड़ गए! यह रही बच्चे चोरों की कहानी!

□

जस करिहें सो तस फल पावा

लगभग चालीस–पचास वर्ष तो बीत गए हैं। फिर भी याद आने पर हँसी आ जाती है। बात यूँ हुई कि मैं, मेरे पति, मेरी दो छोटी बच्चियाँ, क्रमशः एक ढाई वर्ष, एक छह मास की तथा मेरे पति के नानाजी और नानीजी दिल्ली से कांद्रा आ रहे थे। कांद्रा टाटा पटना लाइन पर छोटी–सी जगह थी। वहाँ जाने के लिए गोमो जं. पर गाड़ी बदलनी पड़ती थी। पहले का जमाना था, ढेरों सामान साथ चलता था। हमारे साथ भी आठ–दस अदद तो थे ही। सूटकेस, होल्डाल, सुराही, टिफिन कैरियर, फल–मिठाई की टोकरी, बच्चों का सामान वगैरह–वगैरह। आजकल की तरह नहीं था कि एक छोटा–सा बैग लिया और चल दिए। लदे–फँदे हम दूसरे प्लेटफार्म पर गाड़ी पकड़ने के लिए जा पहुँचे। गाड़ी आने में अभी देरी थी और इस लाइन पर रिजर्वेशन भी नहीं होता था। जहाँ जगह मिले, बैठना था। जं. होने से भीड़ भी भारी थी। इतनी देर में कुली दौड़ते हुए आ गए कि साब गाड़ी आ रही है। उन्होंने फटाफट सामान उठा–उठाकर अपने सरों पर रख लिया। गाड़ी आ गई और भीड़ दौड़ने लगी, जल्दी–जल्दी डब्बों में घुसने के लिए। मुसाफिरों की रेलम–पेल ओर धक्का–मुक्की में हमारे कुली और हम लोग तितर–बितर हो गए। कुली मुंडी पर सामान लादे चीखने लगे, साहब इधर, आइए, इधर। सुनकर मेरे पति दौड़कर किसी प्रकार डिब्बे में ऊपर चढ़ गए। फिर एक–एक कर जो भी सामने आता गया, खींच–खींचकर ऊपर चढ़ाते गए। मैं, बच्चे और सामान चढ़ गए तो बारी आई, हमारी छोटी और खूब गोल–मटोल फुटबाल जैसी नानीजी की। भीड़ की धक्का–मुक्की में उनका हाल बेहाल हो रहा था। किसी प्रकार

उठाकर उन्हें ऊपर चढ़ाया गया। तब पीछे से नानाजी भी चढ़ आए। कुलियों को विदा कर अब मेरे पति सामान खींच-खींचकर ठिकाने लगाने लगे। एक साथ इतना सामान और इतने सारे लोगों को देख पहले से ठसाठस बैठे यात्रियों ने असहयोग की मुद्रा बना ली। पर मेरे पतिदेव ने किसी प्रकार सबों को बिठा ही दिया और सामान आदि भी रखवा दिया, लेकिन खुद खड़े ही हुए थे। कहीं तिल धरने को जगह नहीं थी। डिब्बे का माहौल भी अभी सामान्य नहीं हुआ था। गरमी से बच्चे अलग से झींक रहे थे और हमें यह अच्छा नहीं लग रहा था कि हम सब तो बैठ गए थे और ये अभी तक खड़े थे। धीरे-धीरे गाड़ी चलकर अब रफ्तार पकड़ने लगी, डिब्बे में थोड़ी हवा भी आई और लोग भी सामान्य होने लगे। तब इन्होंने अपने लिए जगह ढूँढ़ने के लिए डिब्बे में एक विहंगम दृष्टि डाली, तो क्या देखते हैं कि एक दक्षिण भारतीय सज्जन दिन में भी आधी से अधिक सीट पर बिस्तर बिछाए चैन से बैठे हैं। चारों तरफ की रेलम-पेल और लोगों की कठिनाई से बिल्कुल अनभिज्ञ बने हुए। इनको लगा कि कैसे इनसान हैं? औरतें, बच्चे, बूढ़े-परेशान हो रहे है, जरा सी जगह के लिए और ये हैं कि देखकर भी अनदेखा कर रहे हैं! और लोगों ने भी तो जगह एक-दूसरे को दी ही है, ये कैसे आदमी हैं? इन्होंने उन सज्जन से थोड़ी जगह देने की विनती भी की, पर उन महाशय पर कोई असर नहीं हुआ, बल्कि उन्होंने ऐसा मुँह बना लिया जैसे सुन ही नहीं रहे हो और खिड़की से बाहर देखने लगे। अब अंदर-ही-अंदर इन्हें गुस्सा आने लगा और इन्होंने अपना गुस्सा दबा धीरे से उनके बिस्तर का एक कोना सरकाया और बैठ गए। उन सज्जन का मुँह देखने लायक हो गया। अब तक सहयात्रियों की सहानुभूति भी हमारी तरफ होने लगी थी। गाड़ी ने रफ्तार पकड़ ली और लोगों ने राहत की साँस लीं। इस लाइन पर छोटे-छोटे स्टेशन आते रहते हैं। कहीं गाड़ी रुकती है, कहीं सरकती चली जाती है। कहीं-कहीं गाड़ी आउटर सिग्नल पर ही रुक जाती है। अनेकों यात्री सरकती गाड़ी से ही अपने स्टेशनों पर उतर जाते हैं। यह गाड़ी बस समझिए 'नौ दिन चले अढ़ाई कोस' जैसी ही थी। कुछ देर में, उन सज्जन की गतिविधियों को देखने से लगा कि उनका गंतव्य आनेवाला

है, शायद क्योंकि, उन्होंने अपना सामान सहेजना शुरू कर दिया था। छोटा सा बैग, पैक कर कराके रख लिया, पर अपनी जिद्द और अकड़ के कारण बिस्तर फिर भी नहीं लपेटा। और कोई होता तो अब तक तो मेरे पति को थोड़ा सा स्थान दे ही देता, पर वे बैठे ही रहे। इतनी सी देर में उनका स्थान आने लगा तो उन्होंने झटपट अपने विस्तर का पतला सा बंडल बनाकर रख दिया और जैसे ही उतरने लायक जगह आई, वे अपना बैग लेकर रेंगती गाड़ी से कूद गए। हम लोगों ने राहत की साँस ली। क्षणभर भी नहीं बीता था कि मेरे पति की दृष्टि उस लिपटे बंडल पर पड़ी। उस बंडल को देखते ही अब हमारे पतिदेव के अंदर बदलेवाली वृत्ति ने जोर मारा। बिजली की सी तेजी से उन्होंने बंडल उठाया और जा पहुँचे दरवाज़े पर। जल्दी से दरवाजा खोल उन्होंने आवाज लगाई, "ऐ मिस्टर, ऐ भाईसाहब देखिए, ये सामान आप का छूट गया।" बंडल देखकर तो भाईसाहब को अपनी भूल और लापरवाही का एहसास हो गया और भाईसाहब लपकने के लिए हाथ बढ़ाकर सरकती गाड़ी के साथ गिरते-पड़ते दौड़ने लगे, पर हमारे पतिदेव इतनी जल्दी उनका प्यारा बंडल कैसे देते। दो घंटे से अधिक उन्हें खड़े रहने पर मजबूर करके अब इतनी आसानी से बंडल मिलनेवाला नहीं था। सज्जन गिड़गिड़ाते हुए ऊँची-नीची, ऊबड़-खाबड़ जमीन पर गिरते-पड़ते भागने लगे। वे सज्जन लपकने के लिए हाथ बढ़ाते तो ये बंडल पीछे खींच लेते। इस तरह जब उन्हें खूब अच्छी तरह छका लिया, तब कहीं चार बातें सुनाकर इन्होंने वह बंडल फेंका। सारे डिब्बे में हँसी की फुहारें छूटने लगीं। लोगों ने खूब मजा लिया। ऐसी रही मजेदार घटना! जो जस करिहे सो तस फल पावा!

□

हँसने की बारी

मैं स्वामी शिवानंद आश्रम से ऋषिकेश जाने के लिए किसी ऑटो का इंतजार कर रही थी। यहाँ ऑटो रिक्शा ही चलते हैं। एक तो कड़ी चिलचिलाती धूप, दूसरे ऊपर की तरफ सड़क मरम्मत होने के कारण कोई ऑटो नहीं आ रहा था। एक-दो पास भी हुए तो भरे हुए। इतने में एक साधु भी ऋषिकेश जाने के लिए आश्रम से आकर खड़े हो गए। फिर एक बीस-पच्चीस साल का लड़का पेंट-कमीज पहने और हाथ में छोटी सी अटैची लिये आकर खड़ा हो गया। इसको भी ऋषिकेश ही जाना था। इतनी देर में एक ऑटो रिक्शा आता दिखाई दिया की तो जान में जान आ गई। ऑटो रिक्शावाला बोला, मैं तो हरिद्वार जा रहा हूँ, वहीं की सवारी लूँगा। तब साधुजी और लड़का ड्राइवर को समझाने लगे कि हमें भी उधर ही जाना है। रास्ते में उतर जाएँगे। फिर उन लोगों में किराए को लेकर चख-चख होने लगी। मेरा एक तो गरमी से बुरा हाल हो रहा था और वे लोग मुझे बात करने का मौका ही नहीं दे रहे थे। तब देर होती देख मैंने आगे आकर ड्राइवर से कहा कि मैं तीस रुपए दूँगी, मुझे पूरा रिक्शा चाहिए। इस पर ड्राइवर झट से तैयार हो गया। मैं और मेरा नौकर झटपट ऑटो में बैठ गए। तब साधुजी ने मुझे देखा, मुझे दया सी आ गई तो मैंने उन्हें बैठा लिया तथा ड्राइवर को कह दिया कि वे मेरे साथ हैं। रिक्शा स्टार्ट हो गया। जैसे ही रिक्शा आगे को सरका, लड़का लपककर बिना मुझसे पूछे सामने की सीट पर आ बैठा। मुझे बड़ा अजीब लगा, पर मैं क्या कहती, चुप रही। वह मेरी भाव-भंगिमा देख अपने आप ही किराए की बात करके अपनी सफाई देने लगा। मैंने कहा, ठीक है। दे देना,

वरना यह रिक्शावाला मुझे तंग करेगा। वह बड़े इत्मीनान से बैठकर यहाँ-वहाँ की बातें बनाने लगा। इतने में ऋषिकेश बाजार आ गया तो ड्राइवर ने रिक्शा रोक दिया। मैंने कहा थोड़ा और आगे रोको। इतने में साधुजी, बोले मैं यहीं उतर जाता हूँ और वे धन्यवाद दे वहीं उतर गए। ऑटो धड़धड़ाता हुआ फिर स्टार्ट हुआ तो लड़के ने ड्राइवर को रिक्शा रोकने को कहा और बोला, मैं भी यहीं उतर जाता हूँ। मैंने उसे भुगतान की याद दिलाई तो हाँ-हाँ करके जेब में हाथ डालने लगा, पर पैसे-वैसे उसने कुछ नहीं निकाले और फुरती से सरककर रिक्शे से कूद पड़ा। फिर ड्राइवर की तरफ मुँह करके भागता हुआ बोला, अरे माताजी से रुपए ले लेना और पलभर में चंपत हो गया। हम लोग कुछ समझ पाते, उससे पहले ही वह भीड़ में नौ-दो-ग्यारह हो गया। मैं तो हक्की-बक्की सी देखती ही रह गई। उसकी चालाकी पर गुस्सा भी आया, पर फिर हँसी भी खूब आई। यह भी दिनदहाड़े खूब रही!

□

मेरी नानीजी

मेरी नानीजी की उम्र सत्तर वर्ष की है, पर फिर भी उम्र के हिसाब से काफी एक्टिव हैं। अभी भी नौकरों के साथ अकेले यात्रा कर लेती हैं। साल में एक बार वे ऋषिकेश जरूर जाती हैं। उनकी एक विशेषता यह रही है कि किसी को एक बार देख लेने के बाद वे उसके चेहरे और नाम को भूलती नहीं थीं, पर अब बढ़ती उम्र के कारण इसमें कमी आती जा रही है। उन्हें क्षणभर का समय लगता है और कभी-कभी किसी को पहचानने में भूल भी कर जाती हैं। ऐसी ही यह छोटी-सी मनोरंजक घटना है। एक बार ऋषिकेश में वे अपने परिचितों के गेस्ट हाउस में ठहरी हुई थीं। साथ में सदा साथ रहनेवाला नौकर भी था। गेस्ट हाउस का एक कर्मचारी दिन में दो-तीन बार देखभाल करने व खाना, नाश्ता आदि की पूछताछ करने के लिए आता था। वह सफेद कुरता-पाजामा पहने रहता था और उसका नाम मनीराम था। थोड़ी बहुत बातचीत कर और ऑडर ले चला जाता था। कई बार नानीजी ने देखा कि एक हरी टी-शर्ट और पेंट में भी एक आदमी नीचे की मंजिल में सफाई करता था। नानी ने उड़ती नजर से ही उसे देखा था। अब जब जाने का समय हुआ तो नानीजी ने अपने नौकर से कहा कि दोनों आदमियों को बुला लाओ बखशीश देने के लिए। अब नौकर बोला, कौन दोनों? तो वे बोलीं अरे वही मानीराम और दूसरा हरी टी-शर्टवाला। नौकर को हँसी आ गई, वह बोला, अरे हरी टी-शर्टवाला मनीराम ही तो है। दोनों में बहस छिड़ गई। नानीजी कहें, तुम्हें पहचान नहीं है। मनीराम तो सफेद कुरते-पाजामेवाला है। एक और है, हरी शर्ट-पेंटवाला। नौकर का हँसते-हँसते बुरा हाल हो गया। बड़ी मुश्किल से

नानीजी को अपनी भूल समझ में आई। इतने में मनीराम भी आ गया। सारा माजरा सुन वह भी मुसकराने लगा। नानीजी का चेहरा खूद ही झेंप उठा। बाद में खुद ही बोलीं, यह भी खूब रही मैं तो एक ही आदमी को दो-दो समझती रही! नौकर हँस-हँसकर लोट-पोट हो गया।

□